kailash

Inez van Oord

WO STEHST DU, WENN DEIN LEBEN EIN KREIS IST?

Finde deine Richtung und lebe,
was dich wirklich ausmacht

Aus dem Niederländischen von
Claudia Van Den Block

kailash

Die niederländische Originalausgabe erschien 2015 unter dem Titel
»Als jouw leven een cirkel is, waar sta je dan?«
bei Kosmos Uitgevers, Utrecht/Antwerpen.

 Dieses Buch ist auch als E-Book erhältlich.

MIX
Papier aus verantwor-
tungsvollen Quellen
FSC® C010328

Verlagsgruppe Random House FSC® N001967

1. Auflage

Deutsche Erstausgabe
© 2017 Kailash Verlag, München
in der Verlagsgruppe Random House GmbH,
Neumarkter Straße 28, 81673 München
© 2015 by Inez van Oord, Uitgeverij Humanize en Kosmos Uitgevers,
Utecht/Antwerpen
Lektorat: Ute Heek
Illustrationen: Eva Bartels
Umschlaggestaltung: ki 36 Editorial Design, Daniela Hofner, München
unter Verwendung eines Motivs von Eva Bartels
Satz: Satzwerk Huber, Germering
Druck und Bindung: Alföldy Nyomda Zrt., Debrecen
Printed in Hungary
ISBN 978-3-424-63134-0

www.kailash-verlag.de

Die Zahl 2

Plus + und Minus -
Mann und Frau
Vater und Mutter.
Das Leben liegt dazwischen
Von ihnen habe ich es erhalten

INHALT

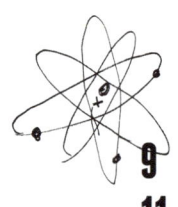

9   Vorwort

11   Einleitung – Wie es mit den Kreisen anfing

TEIL 1: MEINE PERSÖNLICHE REISE DURCH DEN KREIS

35   **Links unten im Kreis**
Ich fange bei der Zeitung zu schreiben
an (Fakten, Wissen, Objektivität)

45   Wenn die Liebe ein Kreis ist
(Wenn wir das gewusst hätten)

53   **Rechts unten im Kreis**
Mein erstes Magazin
(*Seasons*, Leben in freier
Natur, Einfachheit, Form,
Sicherheit)

66   The Mind Circle
(Ein Lehrmeister zur Kraft
der Mitte)

71   **Rechts oben im Kreis**
Happinez: Die klare Idee
(spirituell, individuell, idealistisch, schön)

101   **Recircle Happinez in 12 Lektionen**

123   **Links oben im Kreis**
Humanize, das Ringen, die Suche (auf dem
Weg zum Wir; das neue Denken und Teilen)

132   Die Nacht allein im Kreis

2. TEIL: DER WEG ZU EINEM PERSÖNLICHEN KOMPASS

151 Lerne deine **Geschichte** kennen
(Wenn du wissen willst, wo du stehst)

169 Was möchtest du **verändern**?
(Analysiere dein Leben)

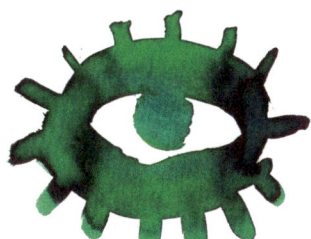

185 Wähle deine **Werte**
(Als Antrieb für deinen Motor)

192 Suche die Leere der Wüste (oder
plane einen Wüstenabend zuhause:
Alles ausschalten. Licht, Telefon,
Laptop, TV … einfach alles)

199 Der Kreis der **Gefühle** (Gefühle sind wie deine Freunde)

209 Wie kommst du in **Bewegung**?
(Von außen nach innen –
vom Rand zum Gesamten)

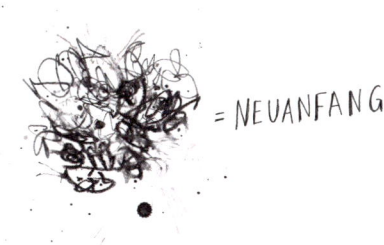

= NEUANFANG

218 Der Kreis ist ein Held
(Jeder Held will zur Mitte)

230 Aus dem Traum erwachen

241 Kreise und die **Zukunft** (Tu was)

257 Zusammenfassung
– Teil 2 in 1 Minute

251 Nachwort

253 Über Inez van Oord

254 Dank

255 Quellen- und
Literaturverzeichnis

8

Dieses Buch handelt von Kreisen.
Von Kreisen mit einem Kreuz darin – wie bei einem Kompass.
An Stelle von Nord und Süd kann man auch »Himmel« und
»Erde«, »Geist« und »Körper« einfügen. Ost und West lassen
sich durch »ich« und »der Andere« ersetzen.

Der Kreis ist ein Symbol für unser Leben, dein Leben; er kann uns
helfen, Dinge zu begreifen, sie neu anzuordnen und so zu sehen,
wo wir stehen.

Betrachte dich selbst als einen Kreis.
Mach dir deinen eigenen Kompass, bestimme, wo du stehst, und
wähle die Richtung, die du einschlagen möchtest.
So wie ich das in jeder Phase meines Lebens getan habe.

Ich hielt immer wieder an einem Punkt an, um mich zu orientieren.
Die Zentrifugalkraft des Lebens ist so stark, dass ein Mensch leicht
über seine eigenen Grenzen hinweggeht und so über den Rand
des Kreises gerät und ganz außer Atem wieder zurück in die Mitte
strebt.

Dem schönsten Aufenthaltsort.

Inez

Im ersten Teil des Buches geht es darum, wie man ein Magazin
macht, wie Ideen entstehen, warum aus der einen Idee etwas wird
und aus einer anderen nicht. Es geht um meine Lebenserfahrun-
gen. Der zweite Teil ist praktischer angelegt: Ich erzähle dort wie
man Schritt für Schritt eine neue Route ausarbeitet, seinen persönlichen Kompass, seinen inneren Wegweiser findet und damit eine
Orientierungshilfe erhält, was man tun und lassen sollte.

ES GIBT NICHT DAS
EINE. ALLES
EXISTIERT NEBEN-
EINANDER.
EINSEITIGKEIT
IST UNSER GRÖßTER
FEIND . . . .
. . . .
. . . .
. . . .

KREIS

WIE ES MIT DEN KREISEN ANFING

Kreise haben mich schon immer fasziniert. Wenn ich auf

mein Leben zurückblicke, waren sie mir schon immer nahe.

Sie haben mich zum Nachdenken angeregt – und nun zum

Schreiben. Alles begann mit zwei Medienberichten. Der erste

beschäftigte sich mit dem Planeten Mars als zukünftigem

Reiseziel, der zweite handelte von der überaus bedeutsamen

Suche nach dem allerkleinsten Teilchen unserer Welt: dem

Higgs-Teilchen und das in einem Radius von siebenundzwanzig

Kilometern unter der Stadt Genf.

KREIS

Erde

HIER NICHT !!!

→ Ausser Atem

O2

HIER
KANN MAN
LEBEN !

ERDE

Wieder einmal erscheint ein Zeitungsbericht über den Planeten Mars. Daneben findet sich eine Abbildung, die alle Planeten des Sonnensystems in einer Reihe zeigt. Sonne, Venus, Mars, Jupiter, an dritter Stelle: die Erde. Eine blau-grüne Kugel. Warum sollten wir für Milliarden von Euro zum Mars reisen?

Auf diese Frage weiß ich nur eine Antwort: damit wir zurückkommen und zurückblicken können. Damit wir zur Erde spähen und schlussendlich denken: Du bist die Schönste. Die Lebenswerteste. Du bietest genug Sauerstoff und Licht, Wind und Wärme für uns alle, genug zum Leben.

Ich betrachte lieber das Leben hier mit »anderen Augen«, als ein paar Milliarden für ein Leben dort auszugeben. Schon seit langem hege ich immer mal wieder für einen Moment den Wunsch, eine Astronautin zu sein oder mich für kurze Zeit in ein außerirdisches Wesen zu verwandeln. Ich könnte mich für einen Flug ins All bewerben, doch völlig sicher wäre so eine Unternehmung offenbar noch immer nicht; außerdem legt meine Tochter da ein Veto ein. Ihre weisen Worte lauten dazu: »Mama, bitte, ich habe doch nur eine Mutter!« Ein schöner Satz.

Seither sehe ich mir also hin und wieder Fotos unseres Planeten an und begnüge mich mit dem Bild der Erde als Bildschirmschoner. Ich reise in Gedanken durch den Weltraum. Und dann betrachte ich unseren Erdball, diese wundervolle Gestalt, umgeben von ihrer dünnen Schutzschicht, die nur zehn Kilometer stark ist und den für uns überlebenswichtigen Sauerstoff enthält. Je höher wir aufsteigen, desto mehr nimmt uns die Atmosphäre den Atem. Wie die Schale eines Pfirsichs, so dünn, so verletzlich ist unser Lebensraum. Fliegt man aus der Umlaufbahn, ist man verloren.

Denn dann kann uns die Schwerkraft der Erde nicht mehr anziehen, und man schwebt in einem Raum ohne Geschichte, in dem sich alles Leben in Dunkelheit auflöst ...

Dies waren die ersten grundlegenden Gedanken zu diesem Buch. Die Erde ist ein Beispiel für einen Kreis. Hier erfahren wir das Leben in all seinen Facetten. Da draußen nicht.

DAS EINE

Die zweite Grundannahme, die meinem Buch zugrunde liegt, ist beinahe ein Glaubenssatz: Das Eine gibt es nicht!

Selbst dann nicht, wenn ich von dem Unsagbaren spreche, wie dem großen Geist, Gott oder Tao. Ich meine: Wenn man das Eine benennt, ist darin automatisch das Andere enthalten. Das Unfassbare, oder nennen wir es die Lebensenergie oder die magische Kraft, ist ein Alles, eine Totalität. Versuche gar nicht erst, es zu begreifen oder es als das Eine aufzufassen. Das wäre ein Denkfehler.

Diese Erkenntnis drang noch tiefer zu mir durch, als Berichte über das Higgs-Teilchen in den Nachrichten auftauchten. Jeder ist auf der Suche nach dem Einen: der einen Wahrheit, der einen Liebe, dem einen Gott oder dem einen Elementarteilchen, das so wesentlich für unsere Existenz ist. Wissenschaftler meinten schon einmal, sie hätten es bereits gefunden: das Atom! Wörtlich bedeutet das griechische Wort Atom »unteilbar«. Damit schien man an das Ende der Suche gekommen zu sein. Wir meinten, die Bausteine unseres Universums gefunden zu haben ...

Doch diese Theorie erwies sich bereits vor rund hundert Jahren als falsch. Zerlegt man ein Atom, so sieht man einen positiven Kern von Protonen (und neutralen Neuronen), um den negativ geladene Teilchen, die sogenannten Elektronen, wie in einer Wolke kreisen.

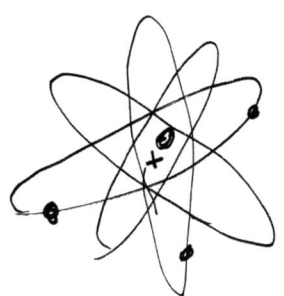

Das Wesentliche der Atome, die Teile, aus der unsere Welt aufgebaut ist, besteht also aus einem Plus und einem Minus, und dazwischen herrscht Bewegung, findet ein Leben voller Energie statt. Welche Symbolik. Welches Leitbild.

Noch besser wurde diese Geschichte für mich, als sich herausstellte, dass das Higgs-Teilchen – in meinen Worten ausgedrückt – nicht fassbar ist. Bei ihrer Suche nach dem allerkleinsten Denkbaren kamen Wissenschaftler zu dem Schluss, dass Teilchen als Gruppe vorkommen, sie lassen sich nicht voneinander losgelöst definieren. Das eine Teilchen gibt wahrscheinlich dem anderen Gewicht und Wert. Die Wissenschaft teilt uns auf diese Weise mit, dass das Universum keine lose Sammlung voneinander unabhängig existierender Dinge ist. Es gibt nichts, das man völlig separat betrachten kann.

DAS ANDERE

Wenn wir schon ein Teil der Natur sind, wie kommt es dann, dass es in der Erziehung und der Schule immer auf das »Absondern« ankommt? Darauf, besser zu sein als der Andere? Während es bei den Grundlagen unserer Existenz doch ganz klar um den Zusammenhalt geht.

In meiner Grundschule hing neben der Tür unseres Klassenzimmers eine Rangliste der Schüler, die von den besten angeführt wurde. Wer hätte da unten stehen mögen? Ich bestimmt nicht. Es ist nur ein Beispiel aus meiner Kindheit, doch es ist ein Symbol für die Wettkampfmentalität, mit der wir aufwachsen. Wir wollen das Eine … Gewinnen, am stärksten sein, siegen. Das ist nun einmal unsere Natur, heißt es dann.

Später wurde das erneut bestätigt, als wir die Theorien von Charles Darwin im Unterricht durchnahmen. Aufgrund meiner christlichen Erziehung hatte ich immer gedacht, Gott habe alles

DAS EINE

gibt es

NICHT

erschaffen, doch nun hörte ich zum ersten Mal von der Evolutions-
theorie, deren wichtigste Prämisse lautete, dass das Leben ein
Kampf ist. In der Natur ginge es demnach nicht vorrangig um
Zusammenarbeit, sondern sie bevorzuge Sieger. So die Botschaft.

Wir sind also darauf programmiert zu gewinnen, das ist unsere
menschliche Natur. Wir rivalisieren um Nahrung, Wasser, Wohn-
raum oder um Macht und Status. Unser Wirtschaftssystem gleicht
einem Wettkampf: Alles muss dem Wachstum und Wohlstand
weichen. Das ist die Natur des Menschen … Doch ist das wirklich
so?

Und dann kam die aufsehenerregende Meldung der Quantenphy-
siker über die Higgs-Teilchen. Der ein oder andere mag da vielleicht mit den Schultern zucken. Was bringt uns das schon? Kost-
spielige Forschungsarbeit … Doch für mich ist es die Geschichte
unserer Essenz. Und wahrscheinlich würden Wissenschaftler
einwenden, dass es überhaupt nicht um eine Entdeckung mit
philosophischer oder religiöser Tragweite geht, doch für mich ist
diese Meldung genau das, worauf wir so lange gewartet haben.
Denn nun ist klar, dass selbst unsere allerkleinsten Bausteine, die
Teil unseres Körpers und unseres Planeten sind – nicht für sich
alleine stehen. Und sofort machen wir uns auf die Suche …

Also: Das Eine gibt es nicht.
Denn zum Einen kommt gleich noch das Andere hinzu.
Von dem Augenblick an, da diese beiden Gedanken zusammen-
trafen, begann ich Kreise zu zeichnen.

Kreise waren schon immer Teil meines Lebens gewesen, ich
zeichnete sie auf Schmierpapier oder beim Telefonieren an den
Rand einer Zeitungsseite. Ich verwendete den Kreis auf Büchern
und Zeitschriften wie auf Happinez. Doch jetzt bekam der Kreis

auf einmal eine Bedeutung und konnte ausgefüllt werden. Er wurde zu einem mentalen Kompass.

Denn, wenn das Eine dank dem Anderen existieren kann, ist der Kreis voller Gegenteile, die zusammen ein Ganzes ergeben.

So einfach ist das, doch was für eine Offenbarung! Wie ein Plus von sich aus an einem Minus andockt, so ist unser »Ich« von sich aus an »den Anderen« gekoppelt. Der »Geist« kann nicht ohne den »Körper« existieren, und der »Idealismus« braucht ganz von alleine den »Materialismus«. »Subjektiv« ist der Kumpel von »objektiv«. »Sozial« grenzt an »asozial«. »Vielfältig« steht neben »einheitlich«.

Im Kreis fügen sich alle Einzelteile, Visionen, Meinungen und Gedanken … zu einem Ganzen.

Das ist wie Magie!

Ein weiser Zen-Meister erzählte mir einmal eine Geschichte über einen Planeten, der ganz allein im Universum schwebte. Es ließ sich nicht erkennen, ob sich das Ding bewegte oder nicht, denn es gab keinerlei Vergleichsmöglichkeit. Erst als die anderen Planeten auftauchten, ergab sich aus dem Blick auf das Ganze die Möglichkeit die Bewegungsrichtung und die Geschwindigkeit zu erkennen.

So wurde mir einfühlsam vermittelt: Du brauchst andere, um zu leben. Erst durch andere bekommst du eine Perspektive.

So entstand die Sammlung von Kreisen in diesem Buch. So lernte ich wieder zu sehen, dass das Andere ein Teil des Ganzen ist. Wir nehmen unsere eigene Idee wahr, machen uns unser eigenes Bild der Welt, das ist schon seit Jahrhunderten so. Und wir meinen ein

Es beginnt mit der klassischen
Gegenüberstellung von Körper und Geist,
Himmel und Erde,

Idealistisch
GEIST
HIMMEL

Erde
KÖRPER
materialistisch

Die zweite klassische Gegenüberstellung
ist die von Ich/Ego und dem Anderen,
von Individuum und Kollektiv.

DAS ANDERE | ICH/Ego

Kollektiv | INDIVIDUELL

Wenn man also die zwei Kreise
aufeinanderlegt, erhält man vier
Segmente. Dann sieht der Kreis
so aus:

In dem Moment, als ich sie zeichnen und beschriften
wollte, wurden die Kreise lebendig und wurden zu meinem
mentalen Kompass.

Oben steht das Geistige, also das Unsichtbare. Die Ideale, doch auch das Spirituelle, und wenn man möchte; Gott.
Sucht man ein Gegenüber, ist klar, dass unten das Materielle steht, das Greifbare, die Form, der Körper.
Das Geld.

Rechts platzieren wir das Persönliche, das Ego.

Die Welt des Ichs wichtiger zu finden als alles andere
im Kreis. Ja, das kennen wir.

Die Antwort darauf, also der Gegenpol, ist das Kollektiv,
die Uniformität, du. Das Andere.

Wenn der Kreis ein Symbol für das Ganze ist, findet man
die Gegenpole am äußeren Rand. Je weiter man sich vom
Zentrum entfernt, desto größer ist der Gegensatz.

Wenn das Leben ein Kreis ist ... Wo stehst du dann darin
zwischen Geist und Materie, Ich und dem Anderen?

In der Mitte?

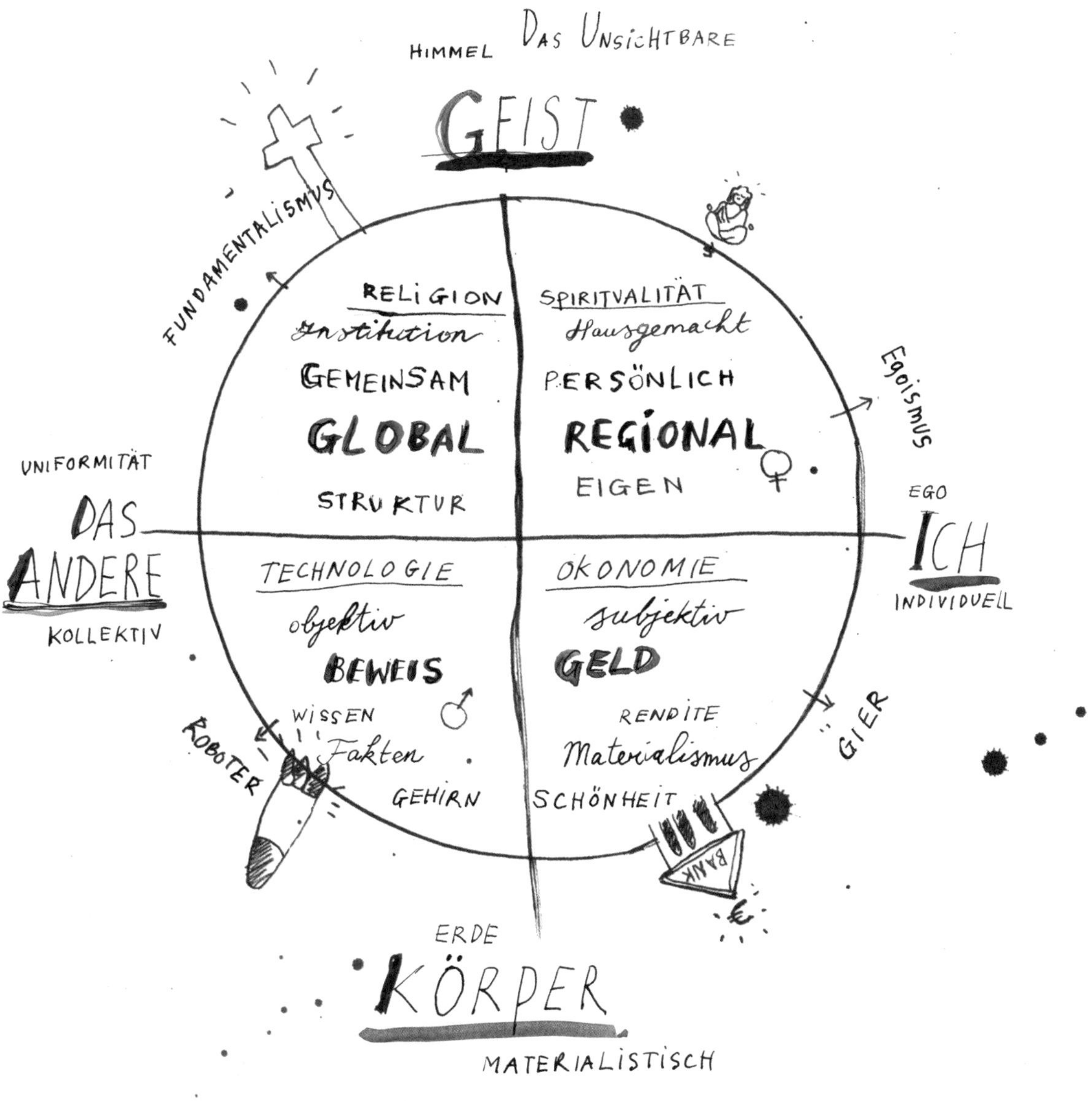

HIMMEL DAS UNSICHTBARE

GEIST

FUNDAMENTALISMUS

RELIGION
Institution
GEMEINSAM
GLOBAL
STRUKTUR

SPIRITUALITÄT
Hausgemacht
PERSÖNLICH
REGIONAL
EIGEN

Egoismus

UNIFORMITÄT

DAS
ANDERE

KOLLEKTIV

EGO

ICH

INDIVIDUELL

TECHNOLOGIE
objektiv
BEWEIS
WISSEN
Fakten
GEHIRN

ÖKONOMIE
subjektiv
GELD
RENDITE
Materialismus
SCHÖNHEIT

GIER

ROBOTER

BANK

ERDE

KÖRPER

MATERIALISTISCH

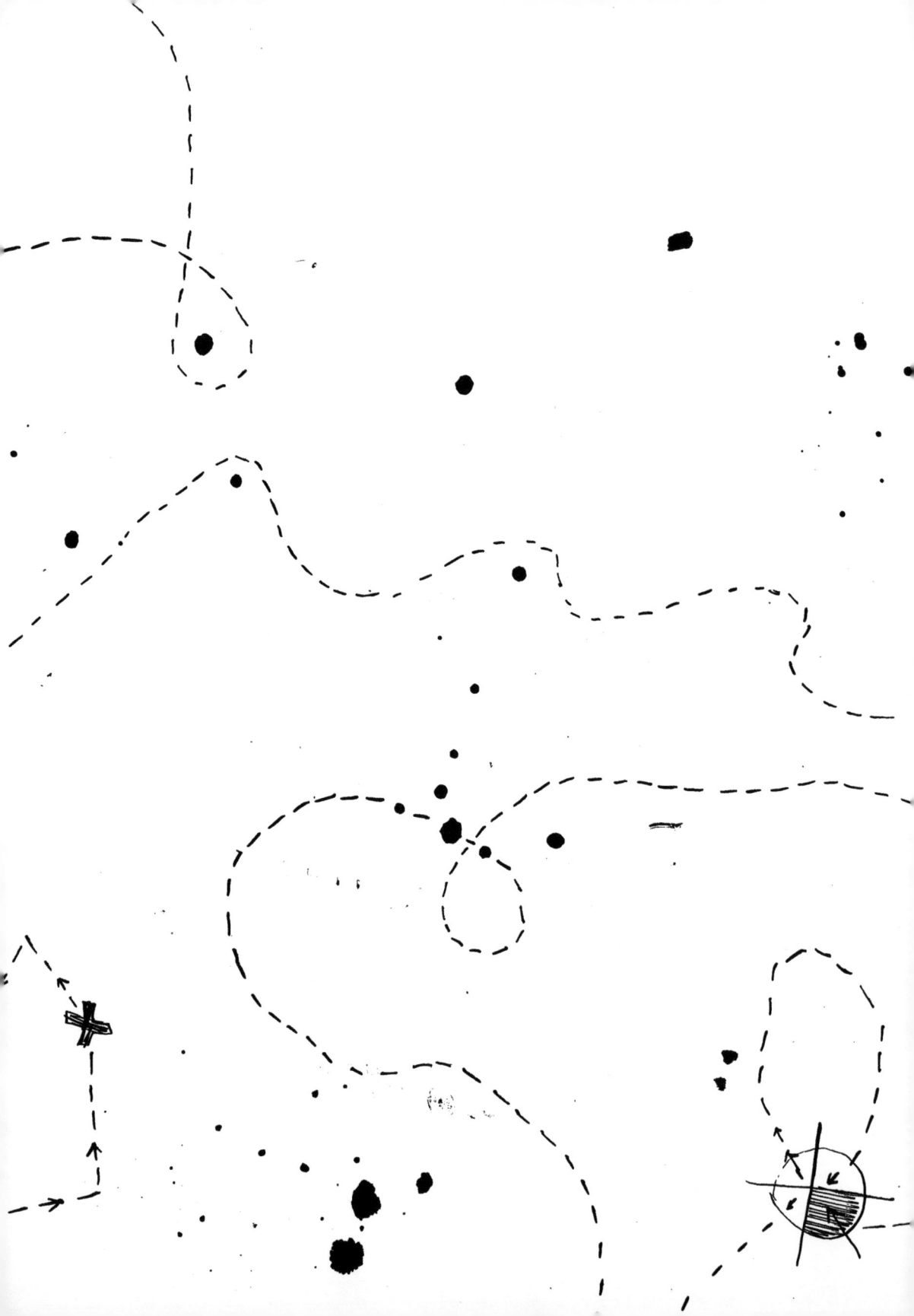

MEINE PERSÖNLICHE REISE DURCH DEN KREIS

Amsterdam, es regnet. Dicke Tropfen fallen in die Gracht.

Von meinem Arbeitsplatz aus sehe ich die Kreise im Wasser

des Kanals. Jeder Tropfen verursacht einen davon. Einen Kreis

mit einem Punkt in der Mitte. Wie bei einer Zeugung.

Lebende Kreise sind wir. Beseelt. Es ist der Tropfen, der uns

zum Überlaufen bringt. Die Kreise lösen sich wieder in der

Gracht auf und werden wie das Wasser.

Wie wunderbar wäre es, wenn ein Leben sich immerzu in der Gänze des Kreises abspielen könnte. Sodass du alle Facetten mitnimmst und dich ein wenig von den Idealen zur Materie bewegst, vom Ich zum Anderen und wieder zurück und im Kreis herum. Doch so geht das nicht, zumindest war es bei mir so nicht.

Wenn ich auf mein bisheriges Leben zurückblicke, erkenne ich sehr deutlich, wie mich meine Reise durch verschiedene Teile des Kreises geführt hat. Meine Karriere begann links unten im Kreis. In der Welt des Objektiven, der Fakten, des Wissens. Ich fing bei einer Zeitung zu arbeiten an.

Doch die beständige Negativität um mich herum machte mich kaputt. Ich fing neu an und gelangte ins nächste Segment, rechts unten im Kreis. Sicher, persönlich, das gute Leben. Die Zeitschrift *Seasons* wurde geboren.

Mehr oder weniger erschöpft wurde ich von alleine nach rechts oben im Kreis gespült. Es musste zwischen Himmel und Erde doch noch mehr geben. Ich suchte nach Erfüllung, nach Sinn. Das war der Start von *Happinez*.

Jahre später – älter und weiser geworden – stapfte ich guten Mutes in den vierten Quadranten, links oben im Kreis. Das »neue Wir« sollte die Antwort sein …

So machte ich meine Runde.

Beweis
Objectiv
ZEITUNG
Wissenschaft
WISSEN
reportage

HIER BEGANN
ICH.

Die Fakten zählen,
das Objektive. Gefühle?
Zählen nicht.

ICH
FANGE BEI DER
ZEITUNG
ZU SCHREIBEN AN

(FAKTEN, WISSEN, OBJEKTIVITÄT)

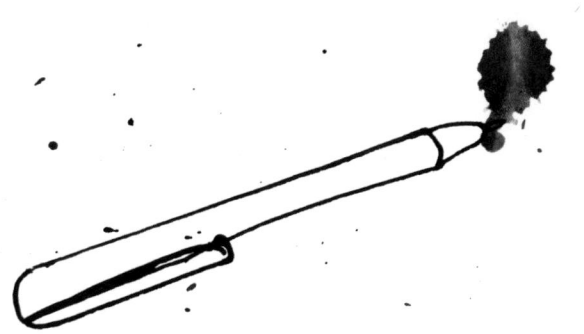

Wie findet eine junge Frau heraus, was sie will? Was sie beruflich machen möchte? Ich wusste es nicht. Meine Eltern ließen mich einen Eignungstest machen, und das Ergebnis war höchst interessant: Inez interessiert sich für alles, sie will alles wissen, sie kann sich sehr gut konzentrieren, aber es gibt ein kleines Problem: Ihr Interesse ist nur von kurzer Dauer ...

Das spräche für die Journalistenschule, sollte man meinen. Doch weit gefehlt, die Empfehlung lautete: Inez soll Maklerin werden. Sie braucht sich nur kurz intensiv mit einer Immobilie zu befassen, den Verkauf zu tätigen, und dann geht es weiter zum nächsten Projekt...

BEGINNEN

Ich erzähle diese Anekdote, weil sie deutlich macht, dass es manchmal dauern kann, bis man seinem Leben eine Richtung gibt. Die Überraschung ist, dass die wahre Bestimmung schließlich doch noch zum Vorschein kommen kann, manchmal sehr subtil, doch dafür muss man schon aktiv werden. Ich fing einfach erst mal an zu arbeiten.

Über allerlei Umwege und nachdem ich dreimal per Losverfahren für eine Journalistenschule zugelassen worden war, landete ich verrückterweise doch noch bei einem Makler. Er verkaufte Ferien-

Für alle, die sich Gedanken über das bedeutungs-
schwangere Wort der Bestimmung machen, vielleicht aus
Angst, sie könnten die ihre verfehlen ...
Miss diesem Wort nicht zu viel Bedeutung bei, die Bestimmung ist nur das, was dich glücklich macht. Folge deiner
Begeisterung und deiner Neugier. Dann kommst
du (über kurz oder lang) ganz von alleine zu deiner
Bestimmung. Dann kannst du immer noch entscheiden, ob
du diesen Weg gehen willst oder dich von anderen Dingen
wie der Höhe des Gehalts, der Sicherheit oder der Verantwortung leiten lassen möchtest. Manchmal geht es nicht
anders, und manchmal ergibt es sich doch alles wie
von selbst ...

häuschen, und ich kümmerte mich um die Hausbesichtigungen, half beim Aufräumen und dem Papierkram. Tagein, tagaus fiel mein Blick auf einen Schrank voller Ordner. Was für eine gespenstische Aussicht! Und dennoch brachte mich das weiter. Als alle Häuser verkauft waren, gab es die erste Eigentümerversammlung. Der Saal war voll, und mein Chef wollte, dass ich alles protokollierte. Da geschah es.

Der Funke, der schon so lange in mir glimmte, wurde entfacht. Das ist es! Ich will schreiben.

Wie banal das Leben manchmal spielt. Während der langweiligsten Versammlung, die man sich nur vorstellen kann, fand ich meine Bestimmung. Und wo auch immer das passiert, tut überhaupt nichts zur Sache. Hätte die Bestimmung ein Gesicht, hätte sie mir an jenem Abend zugelächelt.

Während der Versammlung hatte ich ein Zeichen erhalten. Man könnte auch sagen, dass ich einfach meiner Begeisterung gefolgt bin. Ich rief bei der kleinsten niederländischen Zeitung an, einem unabhängigen Blatt, das noch im Bleisatz gedruckt wurde. Die Redaktion befand sich im hintersten Eck der Niederlande. Genauer gesagt in Zierikzee. Zu der Zeit hatte ich keinerlei Zeugnisse vorzuweisen, keine Journalistenschule besucht, ich war nur der felsenfesten Überzeugung, dass ich das wollte! Nach zehn Anrufen sagte der alte, bemerkenswerte Chefredakteur: »Sie treiben mich noch zum Wahnsinn. Nun kommen Sie schon her.«

Ich machte also dort meine Lehre, und er war mein Ausbilder. Von dem Moment an folgte ich meiner Berufung. Ich war mittendrin, mitten in meinem Kreis.

Und doch kam alles ganz anders.

EXTREME

Mein zukünftiger Mann trat auf die Bühne. Wir standen vor der Entscheidung: »Kommst du nach Zeeland oder ziehe ich nach Amsterdam?« Mit Blick auf die Zukunft war Letzteres die einfachere Option für uns beide.

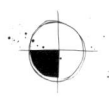

Ich musste also eine neue Stelle finden und geriet von einem Extrem ins andere. Nun bewarb ich mich bei der größten niederländischen Zeitung. Zu der Zeit war nur eine Stelle bei einer Regionalzeitung frei, die Teil des großen Unternehmens war. In puncto Ansehen war das ein Rückschritt, doch ich entschied mich trotzdem dafür, weil ich dachte, ich hätte dann schon einmal einen Fuß in der Tür und würde in einem Jahr sicher an anderer Stelle sitzen. Und das war auch so. Vom lieblichen, heimeligen Leben draußen auf dem Lande, kam ich nun in ein Gewerbegebiet in Amsterdam. Die Arbeit in der Redaktion war härter, die Atmosphäre negativer, und doch war es verlockend, das alles einmal mitzuerleben. Ich war die einzige Frau. Die Männer waren also ansonsten unter sich. »Trinken musst du noch lernen«, war das Erste, was der Chefredakteur zu mir sagte. Man arbeitete, während man rauchte, trank und lachte. Ein richtig unproduktiver Haufen war das, dennoch kamen schöne Geschichten dabei heraus. Und ich habe viel gelernt. Nicht so sehr, wie man schreiben muss, aber durchaus, wie man etwas zustande bringt; wie man Türen öffnet, Produktionen organisiert, Auslandsinterviews regelt … Alles war damals möglich. In der Hinsicht hatte ich einen idealen, großherzigen Chef.

Doch durch die Redaktion zog auch immer ein Hauch von Gleichgültigkeit. Aus verschiedenen Gründen wurde die negative Stimmung immer schlimmer. Die ersten Entlassungen standen an. Es ging nicht mehr um den Spaß am Schreiben oder um den Journalismus an sich, man musste intern funktionieren: Wie ich überlebte? Das Feuer glimmte nur noch, mein Lächeln war verschwunden. Das war nicht mehr meine Welt. Langsam, aber sicher wurde ich an den Rand des Kreises gezogen, immer weiter weg von meinem eigenen Talent.

ENTFREMDUNG

Unterdessen saß zu Hause ein unglücklicher Seemann, der an Land einfach nicht zurechtkam. Ein »Streuner«, wie er sich selbst nannte, ein Mensch, der sich nicht einordnen ließ. Und ich belieg

GEFÜHL

AUS

AN

es dabei, weil ich als junge Frau davon überzeugt war, dass jeder so sein darf, wie er oder sie es möchte. Das hatten mir meine Eltern mitgegeben, und ich hielt es für eine wertvolle Erkenntnis. Doch ich fand auch heraus, dass das zwar schön klingt, aber nicht so einfach funktioniert, jemanden ohne Wenn und Aber, voll und ganz, wie er oder sie nun mal ist, zu akzeptieren.

Das Verrückte war, dass ich genau dadurch meine eigenen Grenzen überschritt. Indem ich den anderen akzeptierte, wie er war, vergaß ich mich selbst und damit meine eigenen Wünsche. Ich wurde zur Nebensache. Und das führte zu einer Entfremdung.

In der Redaktion war es genauso. Überall hatte sich die negative Stimmung und der Zynismus breitgemacht, in meinem Haus wie in meinem Kopf. Meine Gefühle waren längst ausgeschaltet.

An dem Tag, als meine Tochter geboren wurde, veränderte sich endgültig etwas in mir. Mit ihr eröffnete sich mir eine neue Welt, wuchs die Verantwortung. Für sie und für mich selbst. Mit einem Mal begriff ich, dass ich mich nicht, nie mehr, mit einer desinteressierten Schicksalsergebenheit begnügen wollte. Warum sich kleiner machen als man ist? Wofür denn? Für einen Arbeitsplatz, eine Ehe?

Zwei Jahre nach der Geburt meiner Tochter ging er, und ich war allein verantwortlich für ein kleines Mädchen.

Das mag jetzt kaltschnäuzig klingen, aber was für eine Erleichterung war das! Schluss mit dem Elend, den Streitigkeiten im Haus. Endlich Ruhe!

Ich hatte wieder Zeit. Platz. Zwei Dimensionen, die mich zu mir selbst zurückbrachten. Ich riss die Fenster in meinem Kopf auf, ließ frische Luft herein. Ich machte mich auf die Suche nach dem Leben. Ich hatte mich verirrt, aber selbst wieder zurückgefunden. Zum ersten Mal begriff ich, dass man einfach so aus der Mitte losgehen kann. Es geht ganz einfach, man gleitet wie von selbst dahin … Fast mühelos. Es kostet viel mehr Kraft, bei sich selbst in der Mitte zu bleiben. In meinem Fall kostete es mich meine Arbeit und meine Ehe.

WENN DIE LIEBE EIN KREIS IST

(WENN WIR DAS GEWUSST HÄTTEN)

Die Einseitigkeit ist vielleicht wirklich unser schlimmster Feind.
Gilt das denn auch in der Sphäre der Liebe?
Wie viele Menschen haben genug von dem Einen?
So viel geht schief, es gibt so viel Kummer, so viele Erwartungen
und Enttäuschungen. Haben wir da etwas nicht richtig verstanden? Schränken wir die Bedeutung der Liebe zu sehr ein?
Angenommen, man würde von klein auf lernen, dass der Kreis mit
allerlei Formen der Liebe angefüllt ist und dass man am besten
aus jedem Segment etwas mitnimmt, damit man Liebe geben und
empfangen kann. In diesem Fall gäbe es, ganz einfach gesagt, nie
mehr einen Mangel an Liebe.
Meine einsamsten Jahre waren letztlich meine Ehejahre. Ich war viel
zu sehr auf den Einen fokussiert, der all meine Aufmerksamkeit
forderte. Ich bin ganz in seinen Problemen aufgegangen, von mir
selbst blieb dabei nicht viel übrig. Erschöpft und atemlos flog ich
aus meiner Umlaufbahn, meinem Kreis. Es war im Rückblick betrachtet eine geistig verarmte Zeit. Alles, was eigentlich auch
dazugehört hätte, fehlte: sich gegenseitig Fragen zu stellen, einander zu begegnen, einander zu helfen. Gemeinsam ließen wir die
vielen Dimensionen der Liebe ungenutzt am Wegesrand liegen.
Wir sahen sie einfach nicht oder konnten sie nicht erreichen.
Wenn ich nun einen Kreis der Liebe zeichne und diesen einteile,
wird mir klar, dass ein Mensch für, mit und in Liebe leben kann,
auch wenn er den »Einen« oder die »Eine« nicht hat. Es gibt so
viel. Gleichzeitig kann – und das sehe ich in meinem Umfeld – die
Fixierung auf die *eine* Form der Liebe einem (fast schon) die Luft
zum Atmen rauben und so dominant sein, dass sie alles andere in
den Schatten drängt. Dabei gibt es reichlich davon.

NAMEN FÜR DIE LIEBE

Wenn ich meine zerlesenen Bücher wieder zur Hand nehme, lese ich in den Schriften Platons und Sokrates' von den verschiedenen Arten der Liebe, mindestens von vier. Irgendwann im Zuge des sogenannten Fortschritts der Menschheit kam uns die Gesamt-schau abhanden, und die romantische Liebe rückte ins Zentrum, wozu die Kirche ebenfalls ihren Beitrag leistete.

Doch nun kommen all die verschiedenen Bezeichnungen und Spielarten der Liebe wieder zum Vorschein. Gemeinsam füllen sie den Kreis der Liebe aus.

EROS

Ein logischer Einstieg in die Thematik ist Eros, die universelle, die große, alles umfassende Liebe aus der griechischen Mythologie. Eine Kraft, die das ganze Universum zusammenhält.

Eros, ein Abkömmling des großen Nichts, des Chaos, war ein kleiner Junge, der nicht recht wachsen wollte. Seine Mutter fragte daraufhin die Göttin der Weisheit um Rat. Die antwortete, Eros würde nur wachsen, wenn er jemanden habe, der seine Liebe erwidere. So wurde Anteros geboren, was wörtlich »erwiderte Liebe« bedeutet. Und tatsächlich wuchs Eros von da ab.

Plato erzählt die Geschichte hingegen etwas anders: Er schreibt, dass es Eros selbst an Liebe fehlte und er sich diese deshalb immer bei dem Anderen holte. Diese Art der Liebe birgt jedoch die Gefahr in sich, dass sie ständig erneuert werden muss, um den eigenen Mangel zu beseitigen.

Eros wurde im Laufe der Zeit immer mehr mit dem Verlangen und der körperlichen Liebe gleichgesetzt. In den ursprünglichen Texten war das jedoch noch nicht der Fall. Mittlerweile ist Eros jedoch zur sexuellen Liebe verkümmert, die man im Tausch für etwas anderes kaufen oder erhalten kann; damit geht auch die Verherrlichung des Körpers einher. Man muss also nur einen kleinen Schritt aus dem Kreis heraus machen, schon ist der Körper nur mehr ein Tauschobjekt, das einem Kummer beschert.

Liebes Kreis

ANBETUNG

VERGÖTTLICHUNG

ABHÄNGIG

AUFOPFERUNG

STORGE

KINDERN
Gegenüber

AGAPE

DEN ELTERN
GEGENÜBER

STORGE

CARITAS
(Das Unbekannte Gegenüber)

STORGE

EIGEN

LIEBE

NARZISSMUS

einem Tier

GEGENSTAND
GEGENÜBER

FETISCHISMUS

EROS

PHILIA

Freunden gegenüber

Porno

OBSESSIV

Ein Kreis der Liebesarten. Befindet man sich außerhalb
des Kreises, sieht man, was geschieht, wenn die Liebe aus dem Ruder läuft.

47

In meinem Kreis der Liebe siedle ich Eros ganz unten an. Wenn man an dieser Stelle aus dem Kreis blickt, kommt die Pornografie in den Blick, eine Welt, die vollkommen vom Geistigen losgelöst ist.
Schaut man jedoch in die Mitte, sieht man unmittelbar darüber Agape.

AGAPE

Agape ist ein Wort, das ursprünglich aus dem Griechischen stammt und von den Christen übernommen wurde. Es bezeichnet die bedingungslose Liebe. Die Liebe, die nichts verlangt, die nur gibt. Die sich um den anderen sorgt, bei der offen bleibt, ob sie erwidert wird oder nicht. Hier gibt es keinen Eigennutz, diese Form der Liebe ist selbstlos.

Im Gegensatz zu Eros hat Agape mit der Überwindung der Selbstsucht zu tun und mit der Entdeckung des anderen.

Sieht man beide als Ganzes, so geben sie der Bedeutung der Liebe eine andere Dimension. Doch im Laufe der Geschichte gab es immer jemanden, der etwas wegnahm, verabscheute oder vor etwas Angst hatte. So wurde auch Eros, vielleicht der beste Freund von Agape, aus unserer biblischen Geschichte entfernt. Es heißt zwar, dies sei geschehen, weil Eros missbraucht worden sei: In den ersten Tempeln nahmen Frauen an Ritualen teil, um die »Einheit mit Gott« zu erfahren. Über Eros wollten sie also zu Agape gelangen. Eine schöne Geschichte, aber in der Praxis dürfte es sich doch um eine Form von Prostitution, eine Art religiöser Sex-Show, gehandelt haben die später abgeschafft wurde. Man meinte, dass Agape der einzige Weg zur (göttlichen) Liebe sei und dass Eros den Menschen davon sogar abhielte. Man dachte: Die Triebe stehen uns im Weg, wenn es um die reine Liebe geht. So findet sich Eros im Neuen Testament nicht mehr. Inzwischen wissen wir, was geschieht, wenn man an einen Teil so stark glaubt, dass man diesen Teil für das Ganze hält. Eros wurde einfach unter den Teppich gekehrt, war jedoch all die Jahre besonders präsent.

Zurück zu unserem Kreis. Wenn wir Eros im Kreis nach oben wandern lassen und Agape hin zur Mitte sinken lassen, erhält die Liebe mehr Tiefe.

Doch es gibt noch mehr Arten der Liebe.

PHILIA

Die Liebe zu Freunden, die Freundschaft, heißt Philia. Freundschaft gründet auf gegenseitiger Anerkennung. Es ist eine »nützliche Liebe«, wie ich irgendwo einmal gelesen habe, weil man gerne etwas füreinander tut, aber auch irgendwann etwas zurückhaben möchte. Philia ist eine Form der Liebe, die nicht so bedingungslos ist wie Agape. Freundschaften basieren auf gegenseitiger Anerkennung. Fehlt diese, ist es aus mit der Freundschaft. Doch wenn dieses System in unserem Leben ausgeglichen ist, sind Freundschaften sehr wichtig und dürfen in dem Kreis nicht fehlen.

STORGE

Storge ist die altgriechische Bezeichnung für die Zuneigung. Die Liebe zur Familie, zum nächsten sozialen Umfeld. Hiermit ist auch die Liebe der Eltern zu ihren Kindern, die Liebe unter Geschwistern gemeint.

Noch eine wichtige und häufig unterschätzte Ausprägung der Liebe ist die Liebe zu einem Tier oder einer Sache. So viele Menschen wären unglücklich ohne ihr Haustier, ohne ihren Hund, ihre

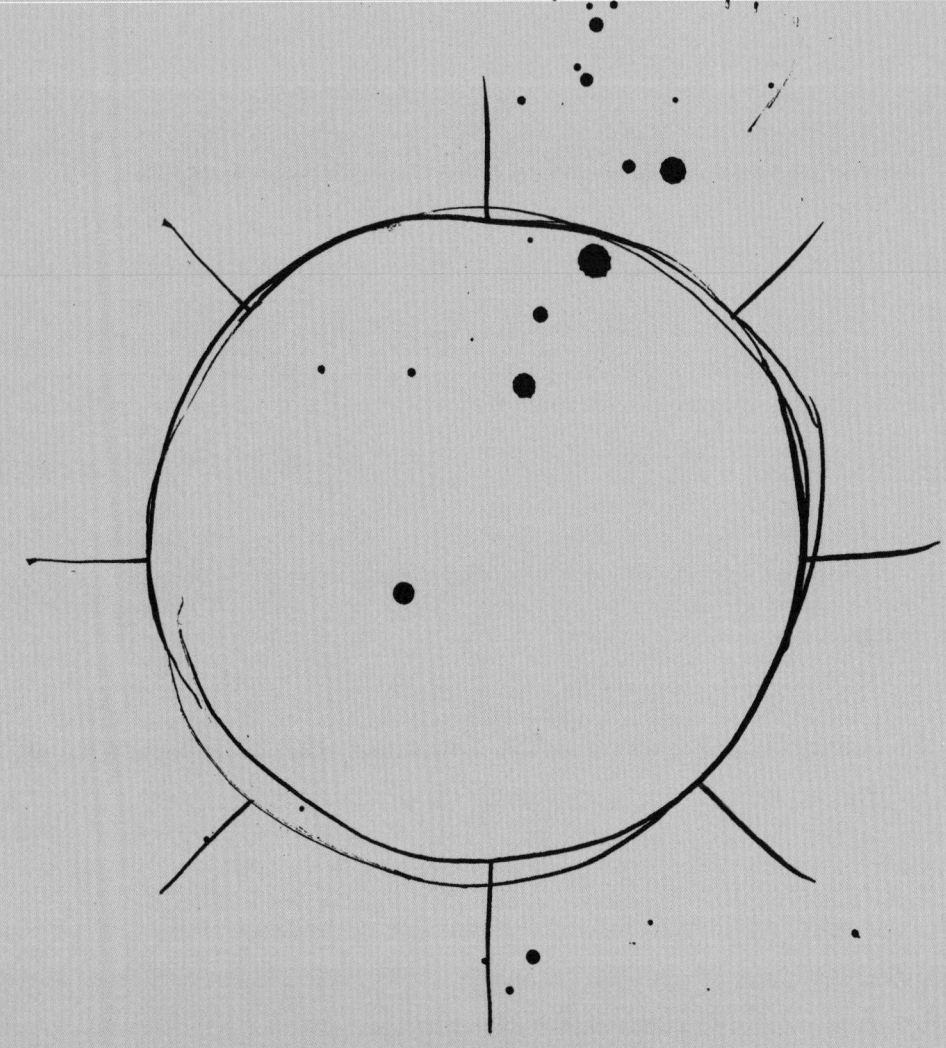

Fülle deinen eigenen Liebeskreis aus:

Agape (bedingungslose Liebe)

Eros (körperliche Liebe)

Eigenliebe

Liebe zu den Eltern

Liebe zu den Kindern

Liebe zu Freunden

Liebe zu einer Sache, einem Tier, einem Gegenstand

Liebe zu einem Unbekannten / Wohltätigkeit

Katze oder ihr Pferd. Es ist schön, aus der Nähe zu beobachten, wie liebevoll und hingebungsvoll diese Liebe sein kann. Und das Gefühl, die Liebe, kann genauso hingebungsvoll sein, wenn es um eine Sache, ein Haus, eine Arbeit, oder wie in meinem Fall, um das Machen einer Zeitschrift geht. Mit Liebe kann man sich daran binden, daran arbeiten.

Und dann wäre da noch die Liebe zu dem unbekannten Anderen, die Nächstenliebe, die Caritas.
Und nicht zu vergessen: die Liebe zu sich selbst.
Der Liebeskreis hat also ein ganzes Paket zu bieten! Würden wir in der Mitte stehen und von jedem Kuchenstück etwas essen, hätten wir ein erfülltes Leben; angefüllt mit Liebe und – sollte der eine Wahre nicht zu finden sein – dann ist dieses eine Stück nur ein Teil eines großen Ganzen. Es ist genug Liebe da.

.

Du kannst das auf zwei Arten betrachten.
Als Empfänger. Als Gebender. Als Übung,
doch glücklicherweise bleibt es ein Kreis.
Sind alle Stücke gleich groß?
Wie geht es dir?

Sicherheit

SEASONS

Authentisch GENIEßEN

INDIVIDUELL

Selbstgemacht

Schönheit

Zurück zur Einfachheit,
zur Form und zur Sicherheit.

MEIN ERSTES MAGAZIN

(SEASONS, LEBEN IM FREIEN, EINFACHHEIT, FORM, SICHERHEIT)

Nach und nach driftete ich von der Mitte meines Lebens-

kreises zum äußersten Rand des Quadranten links unten.

Ich war allein mit meiner Tochter und musste meiner Welt

wieder eine Form geben.

WÖRTER

Im Nachhinein weiß ich gar nicht mehr, weshalb ich eigentlich damit angefangen habe, wie ich auf die Idee kam. Wahrscheinlich hat es etwas mit meiner ewigen Suche nach Harmonie zu tun. Wie auch immer, es geschah jedenfalls: Ich fing an, Listen zu führen.
Listen meines Lebens.
Listen mit Wörtern, die meinem Leben eine Form gaben, mit Wörtern für meine Welt.
Ich überlegte mir genau, was ich unangenehm, nicht schön oder nicht gut fand, und dazwischen standen Stichworte zu alldem, wie ich die Welt sah. Einfach nur Bestandsaufnahmen: die Welt durch meine Augen betrachtet, durch meine eigene Brille.

Es wurde eine lange, negative Liste.

Von einem Trend
zum nächsten hetzen

Eile.

Flüchtig

Wegwerf-
gesellschaft

Unpersönlich

Gewerbegebiet, Büros,
Hässlichkeit

Schnelle.
Veränderung

Gleichgültigkeit

Beklemmend

Fakten

Enge.

Eingeschlossen

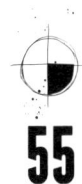

Und wie von selbst machte ich auch eine Liste mit Wörtern, die das Ganze wieder ins Gleichgewicht brachten. Jedes Wort bekam ein Gegenüber.

Ich kann mich noch ganz genau daran erinnern: Ich saß alleine auf dem Sofa, meine Tochter Pien schlief schon. Es war absolut still, und ich wurde bei meinem Versuch, das zu Papier zu bringen, total gepackt. Plötzlich entstand da eine ganze Welt, ein Gesamtbild. Das war genau das, was ich so dringend brauchte. Ich schrieb Wörter wie: Platz, bleiben, authentisch, Stille, Romantik, Ehrlichkeit, Echtheit, pur, draußen, Ruhe, Schönheit, Handwerk, Überfluss, Farben, Natur!

Mein Gehirn trat mit meiner Fantasie in Austausch. Denn was, wenn ich diese neuen Wörter in Geschichten, Fotos, Kolumnen und Reportagen verpacken würde? Und wenn ich mich von nun an auf das Gute und Schöne konzentrieren und die Atmosphäre des Lebens draußen im Freien als Antwort auf meine eigene Negativliste verwenden würde? Dann käme dabei eine neue Zeitschrift heraus!

INSPIRATION

Es gab immer wieder Momente in meinem Leben, die mich zu einer vollständigen Kehrtwendung veranlassten. Dies war einer davon. Es ging ganz schnell, wie bei einer Eingebung. Eine Blitzidee. Mehr war das nicht. Aber das genügte.

Die Arbeit bei dem großen Verlag hatte ich gerade erst gegen die bei einer Werbeagentur eingetauscht. Wir machten Mitarbeiterzeitungen, doch mir wurde schnell klar, dass ich eigentlich lieber an der anderen Seite des Tisches gesessen hätte. Wenn der Kunde sagte: »Wir machen das Cover rot«, und ich dachte: grün – dann wurde es normalerweise rot. Ich sehnte mich so nach einer eigenen Welt, in der ich meiner eigenen Vision eine Form geben konnte, Inhalte bestimmen durfte. Und dann war da dieser Abend, diese Idee.

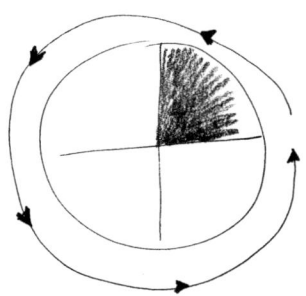

Eine gute Idee allein reicht nicht. Ich habe so viele
Menschen getroffen, die mir ihre Ideen erzählt haben.
Manchmal voller Enthusiasmus und manchmal nur, um sich
selbst zu produzieren. Die gute Idee von – Name oder Ding
sind nach Belieben einzusetzen – die hatte ich früher auch
schon einmal. Oder: Was du dir ausgedacht hast, das hatte
ich auch immer vor. Eine gute Idee ist wunderbar, sicher,
aber das Geheimnis liegt in der Umsetzung. Wenn eine Idee
wie ein Tropfen ist, im Zentrum des Kreises, dann braucht
sie – genau wie wir – alles Mögliche, um zum Leben erweckt
zu werden: Ideale, Materie, mich und den Anderen. Und selbst
dann kann es noch schiefgehen.
Wenn eine gute Idee auf einem mentalen Regal verstaubt,
bleibt sie für immer eine gute Idee. Für manche Menschen
ist das ein wunderbarer Gedanke...

Am nächsten Morgen stürzte ich in das Büro des Direktors. Stockend erzählte ich ihm von meinem Plan.

»Jan, ich will weg von der Kundenbetreuung, keine Kunden mehr, ich will einen eigenen Titel. Wir haben alle die Nase voll von dem gehetzten Leben. Wir wollen nicht mehr einem Trend nach dem anderen hinterherjagen. Wir wollen Lebensqualität, darum geht es doch. Das Leben in freier Natur darf auch nach drinnen kommen. Das Grüne darf in unserem Leben wieder eine Rolle spielen. Wir haben wieder Lust auf Gartenarbeit, das einfache Landleben, wir wollen Dinge, die länger halten als nur eine Saison lang. Stil, Schönheit, Blumen, eine Kuh auf der Weide … Weißt du, was ich meine?«

Und er sagte, worauf ich so gehofft hatte: »Das ist eine sehr gute Idee!«

Die Zeitschrift erschien tatsächlich. Vorerst sehr vorsichtig, in kleiner Auflage. Wir nannten sie Seasons.

Die Werbeagentur unterstützte Seasons zusammen mit anderen Teilhabern. Dass alle außer mir Anteile besaßen, war nur ein Detail. Es machte nichts aus, denn es ging um die Idee und um die unbezahlbare Chance, sie umzusetzen. Der Meinung war ich zumindest damals. Und außerdem dachte mein kreativer Teil nicht an Erfolg. Schöpferisch tätig sein, darum ging es mir.

REGELN

Von überall her kam Hilfe für Seasons: von den Kollegen der Werbeagentur, in der ich ein Büro mietete, von Fotografen und Journalisten, die zu einem Sonderpreis arbeiteten. Die Kraft der Einfachheit wurde lebendig. Das Ergebnis war fantastisch. Wir fotografierten nicht nur Nahrungsmittel, sondern auch, woher sie kamen. Den Boden, das Meer, den Bauern, die Fischer, die Boote, die landwirtschaftlichen Maschinen. Das Reet auf dem Dach und die Landschaft, wo es geschnitten wurde. Alles wurde in Szene gesetzt, in Nahaufnahmen, ganz unmittelbar. Ich wollte das Gesamtbild zeigen. Landleben vom Feinsten, ehrlich und sicher, war

meine Antwort auf die immer härter werdende Welt. Und die Leser verstanden mich.

»Inez, wir müssen dir etwas sagen. Seasons läuft gut an. Schon jetzt ist es tragfähig, aber eine Finanzspritze könnte den nötigen Aufschwung beschleunigen. Wir als Teilhaber haben da keinen Spielraum mehr. Ein großer Verleger hat uns ein Angebot gemacht. Wir wollen verkaufen.« Die Idee, die an jenem Abend auf dem Sofa wie ein Geschenk des Himmels zu mir und in meine Hirnwindungen fand, gehörte ganz offenbar nicht mir. Sie hatte mir auch nie gehört. So sind die Spielregeln, ich hatte das nicht gut geregelt. Das Blatt wurde an den größten Zeitschriftenverlag der Niederlande verkauft. Und ich gleich mit. »Das feiern wir natürlich«, hieß es dazu.

Und ich warf ein: »Habt ihr dabei auch an mich gedacht? Das habt ihr doch immer versprochen.«

»Wenn wir verkaufen, denken wir natürlich auch an dich, mach dir keine Sorgen.«

Nach dem ersten Gang kam ein Teilhaber mit einem Umschlag zu mir. »Für dich, für die Idee und für die Art und Weise, wie du dem Magazin Inhalt und Form gegeben hast.«

Sollte ich den Umschlag einstecken und später auf der Toilette öffnen? Nein, da musst du durch, dachte ich. Ich öffnete das Kuvert.

Hiermit erhältst du einen Bruttobetrag von 10.000 Gulden – das war die damalige Währung, heute sind das etwa 4537 Euro.

Ich wusste mir keinen Rat, sollte ich das etwa viel finden?

Artig bedankte ich mich. Am nächsten Tag fuhr ich zu einem Juwelier. Für 2225 Euro – der Rest gehörte dem Finanzamt – suchte ich mir einen Ring aus. Aus Gold, Weißgold mit ein paar Steinchen darin. Ein einfaches, schönes Symbol. Das war mein Statement. Das Geld durfte nicht für Einkäufe draufgehen oder für alltägliche Rechnungen, dann würde es einfach verdampfen. Ich wollte einen Beweis, ein Symbol. So hoffnungslos ich diese Situati-

IF YOU THINK YOU ARE TOO SMALL TO MAKE A DIFFERENCE, TRY SLEEPING WITH A MOSQUITO.

Dalai Lama

on auch empfand, ich wollte stolz sein. Dieser Ring sollte meiner Erinnerung auf die Sprünge helfen.

Wie heißt es so schön in Indien, wenn die Geschichte nicht ganz in Ordnung ist? *Bad Energy*. Es war, als spielte der Teufel mit: Den wurde ich aber schnell wieder los.

ERFOLG

Man weiß nie mit Sicherheit, ob sich ein Ereignis positiv oder negativ auf das eigene Leben auswirken wird. Etwas zunächst Unangenehmes kann sich später als äußerst sinnvoll herausstellen. Etwas Positives kann später hinderlich werden. So ist das mit menschlichen Erfahrungen. Von einem Tag auf den anderen gehörte ich zu einem großen Verlagshaus. Ich durfte mit meinem Team zwar weiterhin in unserer ländlichen Umgebung arbeiten, fühlte mich noch immer als Unternehmerin und war mit ganzem Herzen dem Magazin verbunden, doch ich hatte auf einmal verschiedene Chefs über mir. Und in regelmäßigen Abständen wechselten sie – so war das damals. Auf der obersten Ebene gab es viel Fluktuation, viele neue Ideen … Nach der Zentralisierung kam natürlich die Dezentralisierung. Und nach kleinen Einheiten gab es wieder große Cluster und dann das Ganze wieder von vorne. Lange blieben wir als selbstständiges Tochterunternehmen obenauf, vielleicht auch, weil ich wie ein Schießhund auf mein Team aufpasste. »Achtung, Feind im Anmarsch«, rief ich immer übertrieben laut, wenn die Direktoren zu Besuch kamen. Die fanden das ganz witzig. Doch ich meinte es ernst. Das ganze hochmütige Gehabe ging mir gegen den Strich, der Wunsch nach Veränderung, nur um selbst besser dazustehen. Die außerordentlichen Qualitäten des Teams nahmen sie überhaupt nicht wahr. Alle erbrachten Höchstleistungen und waren fantastisch. Das Blatt wuchs und wuchs, wurde eines der bedeutendsten Magazine am Zeitschriftenmarkt.

Der Druck nahm zu. Das Verlagshaus wurde immer größer. Die Idee, die auf meinem Sofa entstanden war, hatte mittlerweile

dreißig Arbeitsplätze sowie einen Millionenumsatz geschaffen. Leben im Freien wurde zu einem Trend. Es folgten Messen, Bücher, Produkte über Homeshopping, Sonderausgaben … Es lief. Das nennt man Erfolg.

Während eines meiner letzten Meetings mit dem Vorstand las ich ihnen das Märchen von der goldenen Gans vor. So fühlte ich mich damals, wie eine Gans mit goldenen Eiern. Die Vorstandsmitglieder packte die Gier. Was konnten wir mit dieser Idee noch alles erreichen? Magazine, Sonderausgaben, Internet, Homeshopping, TV … Im Märchen kümmert sich niemand mehr um die Gans, nur die Eier zählen noch. Am Ende kann der Bauer es nicht mehr erwarten, bis sie wieder ein Ei legt, und er schneidet der Gans ungeduldig den Bauch auf …

Das Märchen endet nicht gut. Meine Geschichte auch nicht.

Ich war müde, die Schultern schmerzten. Ich konnte es buchstäblich nicht mehr er-tragen, denke ich rückblickend. Stiche bohrten sich durch mein Brustbein. »Aber dem darfst du nicht nachgeben. Du musst stark sein, weitermachen.«

Es war, als würde ich die Worte meiner Mutter wiederholen. Immer weitermachen … Wer bringt einem bei, dass das zwecklos ist, wenn es auf Kosten der eigenen Person geht?

Meine Willenskraft war gebrochen. Langsam, aber sicher rutschte ich ab. Ich war außer mir und außer Atem, hatte keine Kraft, um zurückzukommen. Ich konnte nur noch denken, denken, denken, war zu müde zum Fühlen. Zu müde zum Denken wäre besser gewesen.

THE MIND CIRCLE

(EIN LEHRER ÜBER DIE KRAFT DER MITTE)

Warum verlassen wir uns viel stärker auf die Kraft des Denkens? Informationen können sich täglich ändern, und Gefühle sorgen für zusätzliche Verwirrung. Wie sehr können wir uns auf das Gehirn eigentlich verlassen? Manchmal habe ich mein Gehirn arbeiten gehört, es klang wie eine Art Rauschen, als würde es beim Denken tatsächlich Lärm machen. Wenn das eintritt, ist man wirklich auf dem Holzweg.

Ich brauchte einen Rat. Denn wie kommt es, dass wir uns nicht in der Mitte des Kreises aufhalten oder uns zumindest in der Nähe davon stehen zu bleiben trauen? Wie kommt es, dass wir das nicht können? Und wenn wir es doch schaffen, warum gelingt es uns dann häufig nur für kurze Zeit? Offenbar wirkt da etwas auf uns ein, das uns aus dem Gleichgewicht bringt und uns zum Rand des Kreises zieht.

Clay Miller wohnt im amerikanischen Bundesstaat Arizona in der Nähe von Sedona, und er ist Kreislehrer. Mit ihm kann man erleben, wie es sich im Zentrum des Kreises anfühlt. Da wollte ich mitmachen.

Sedona ist ein Ort, an dem die Natur besondere Kräfte ausstrahlt. Buchstäblich. Das kleine Dorf erlangte seine Berühmtheit durch den Vortex, den man dort fühlen kann: ein Energiewirbel, der Experten zufolge heilende Kräfte hat. Doch den Schamanen, Clay Miller, ärgert das: »Es geht überhaupt nicht um diese eine Sache, wegen der alle Touristen hierherkommen. Es geht um die Natur als Ganzes. Für unsere Ahnen war dieser Ort heilig. Und genau das sollte man auf sich wirken lassen.«

Er fragt, ob ich die Energie fühlen könne und ob sie mich störe. Ich murmle, dass es schon in Ordnung sei mit der Energie in Sedona. Man halte es gut aus, finde ich. Doch Clay hat natürlich

längst bemerkt, dass ich als regelmäßige Computer- und Handy-
nutzerin in Sachen Empfindsamkeit alles andere als eine Indianer-
frau bin. »Je mehr du im Einklang mit der Natur bist, desto mehr
fühlst du. Komm mit mir«, sagt er. »Du kannst an Orten etwas
erleben, wo kaum jemand hinkommt.«
Dann kurven wir eine halbe Stunde mit seinem gewaltigen Truck
über die Sandwege rund um Sedona. Rote Felsen liegen dort in
der Landschaft verstreut. Clay singt sein Liebeslied an Arizona.
»You can see for miles and miles, Arizona where earth meets
sky … «
Es ist ein schöner Moment, und doch fühle ich eine gewisse
Unruhe in mir aufsteigen. Er baut etwas auf, und ich weiß nicht
recht, was ich damit anfangen soll.
Wir nähern uns einem offenen Platz, einer Art Plateau, das von
einem fernen Gebirgszug schalenförmig umgeben wird. Er zeigt
auf eine pyramidenförmige Felsenformation in der Mitte. In einer
Linie mit der Pyramidenspitze hat Clay ein Medizinrad errichtet.
Einen Kreis. Für Clay ist dieser Kreis nicht einfach nur eine Reihe
von kreisförmig angelegten Steinen, sondern ein magisches
Zentrum, ein Symbol für den Raum, in dem wir leben.
»Stell dich mal in die Mitte, auf den großen Stein.«
Ein bisschen hilflos stehe ich da. Ich fühle mich
völlig entblößt, nackt. Mein Gehirn arbeitet
auf Hochtouren. Will ich das eigentlich?
Wie persönlich wird das?
Er sagt: »You have a beautiful strong mind.« Das
klingt wie ein Kompliment.
Prima, vielen Dank.
»Your mind is strong as a stone«, fährt er fort und gibt mir einen
Stein aus dem Kreis. Ich betrachte das Symbol meines eigenen
Geistes, lasse es in meinen Händen hin und her rollen. Dann gibt
er mir noch einen Stein. Und noch einen. Und noch einen.
Schließlich breche ich fast unter der Last meiner eigenen *Mind-
stones* zusammen.

»Spürst du, was dein starker Geist mit dir tut? Du wirst von ihm beherrscht. Dein Denken nimmt dein Leben ein wie ein großer Fluss, du hetzt allen Gedanken hinterher. Und weiter und immer weiter. Das Denken holt dich von deinem Zentrum weg, bringt dich aus dem Gleichgewicht. Sieh zu, dass du wieder zur Mitte kommst, wie jetzt hier auf diesem Stein. Let the soul speak. Du bist eine starke Frau, aber wappne dich nicht gegen deine Gefühle. Fühle Trauer, fühle Enttäuschung. *You don't have to **be** strong. **Feel** strong.*«

Pfff.

Er stellt sich etwas näher zu mir. Nimmt mir alle Steine wieder ab. »Ich spreche nicht nur von dir. Diese Geschichte trifft auf viele Menschen zu. Fast jeder im Westen hat aus verschiedenen Gründen seine Seele weggepackt. Manchmal aus Angst, weil man sich nicht traut, ehrlich zu sein. Oder aus Angst davor, nicht die Person sein zu dürfen, die man ist, aus Angst vor fehlender Anerkennung. Wir verteidigen uns, weil wir nicht beleidigt, nicht gedemütigt, nicht verletzt werden wollen. Die Fäden der Angst und Frustration hängen um uns herum wie ein Netz. Und alle Gefühle werden darin abgefangen.«

Er bittet mich, ein paarmal tief ein- und auszuatmen. »Tief Luft holen ist der einzige Weg, um uns zurück zu uns selbst zu bringen. Und in die Stille. Nimm dir jede Woche Zeit für die Stille, oder lieber noch jeden Tag. Versuche, so viel wie möglich in Kontakt mit der Natur zu stehen, wenn möglich nackt. Nackt auf einem Stein. Nackt auf der Erde. Das bringt dich zurück in die Mitte, zurück zu dir selbst. Dein Geist führt dich nur immer noch weiter weg. Denk daran, wenn du wieder einmal gestresst bist, egal, in welcher emotionalen Situation. Suche die Stille und den Atem!«

Schweigend gehen wir den Hügel hinunter und setzen uns noch eine halbe Stunde an den Fluss. Das fließende Wasser plätschert über Steine in allen möglichen Formen. Clay setzt sich mit seinen Hunden schweigend neben mich. Auch ich bin still, bringe in dem Moment gar nichts mehr heraus.

Der Ort ist von bezaubernder Schönheit. Sehr aktiv und zugleich ruhig. Ich weiß genau, dass mir dieser Ort gerade guttut. Eine stille Kraft, so fühlt es sich an. Spontan seufze ich tief, und erleichtert gehen wir zurück. Die Sonne geht unter, Clay singt am Kreis noch ein Lied, trommelt und spielt eine Melodie auf seiner Flöte. Er sagt: »Jede Flöte klingt anders, es kommt darauf an, woher das Holz kommt. Bei Menschen ist das genauso. Weiches Holz klingt am schönsten. Darum ist es wichtig für uns, ein wenig weicher zu werden, damit unser Lied seinen Klang in der Welt entfalten kann. Wir verhärten uns zum Schutz. Das geht mit einer bestimmten Überzeugung los, im Denken also, und dann sehen wir die Verhärtung auch im Körper. Wir stemmen uns gegen etwas, machen uns groß, verteidigen uns, verschränken die Arme: Nun komm schon, Welt! Unser überaktiver Geist webt Gedanken um uns herum, wie Fäden um eine Flöte. Die Öffnungen werden durch Gefühle verstopft, die in unserem Körper gefangen sind, und unsere eigenen Töne kommen nicht mehr heraus. In meinen Kursen versuche ich, diese Fäden zu entwirren.
Die Menschen dürfen wieder weicher werden. Steh im Zentrum deines eigenen Kreises, der Rand wirkt wie ein Magnet, dort liegen die Versuchungen. Aber je weiter weg du gehst, desto mehr entfremdest du dich von dir. Inez, *come back to the middle*.«

When you think of it,
the mind is everywhere.

Spiritualität
HAPPINEZ
Ideale Kunst
Persönlichkeit
WEISHEIT

Vom Persönlichen, dem Ich, vielfältig, zu den
Idealen, zur Spiritualität.

HAPPINEZ
DIE
KLARE
IDEE

(SPIRITUELL, INDIVIDUELL, IDEALISTISCH, SCHÖN)

chaos

Wie kann ein Mensch nur zulassen, dass er so ausbrennt? Das geht rückblickend betrachtet ziemlich leicht. Man arbeitet wie verrückt (das ist noch nicht einmal so schlimm), und wenn man dann erfolgreich ist, erledigt man weitere Aufgaben, erhält einen neuen, einen anderen Verantwortungsbereich. Das gehört zum Erfolg. Mit anderen Worten: Andere erledigten die schönen Arbeiten, während ich nur nachsehen durfte, ob alles in Ordnung war und lief. Von der Person, die schöpferisch tätig war, gestaltete und andere motivierte, wurde ich zu einer Person, die delegierte. Und langsam, aber sicher machte ich nicht mehr das, worin ich richtig gut war.

Dieser Prozess vollzieht sich allmählich, zunächst denkt man noch: Ich schaffe das oder: Das muss ich auch können. Man gibt sich alle Mühe. Aber wenn man etwas tut, was nicht zu einem passt, dann reibt einen das auf. Wenn einem die Arbeit keine Energie mehr schenkt, woraus zieht man sie dann? Aus dem eigenen sozialen Umfeld? Aus kurzen Ausflügen in die Kultur? Aus der Liebe? Das sind alles prima Kraftquellen, aber ein viel beschäftigter Mensch hat dafür doch überhaupt keine Zeit mehr. Wie ein Handy ohne Ladegerät … So fühlte ich mich damals.

Chaos in meinem Leben.

Im Griechischen bedeutet Chaos »Leere«.

Hinterher wurde mir das klar.

In der Mythologie steht am Anfang das Chaos. Danach kommt das Weltall, die Erde, die Liebe, die Unterwelt … Und dann gelangen wir allmählich zu dem Punkt, an dem wir heute stehen, mit unseren alten und neuen Göttern. Aber das ist eine andere Geschichte.

Hier geht es um die Leere, aus der die Materie entstanden ist. Die Leere im Chaos ist also der Beginn von etwas Neuem.

Es ist eine Schöpfungsgeschichte im Kleinen: ein Urknall, eine neue Idee, eine neue Welt.

Und wie tauchte dieser Geistesblitz aus dem Nichts – aus dieser vollkommenen Leere – urplötzlich auf?

An dem Abend, als mir schlagartig der Einfall zu Happinez kam, war meine Situation hoffnungslos. Alles war mir damals zu viel. Ich klammerte mich an bestimmte Ideale von Liebe und Erfolg. Der neue Mann an meiner Seite schien der Richtige zu sein (was er aber in Wirklichkeit gar nicht war), die Arbeit geradezu perfekt (tatsächlich war sie aber auszehrend), das Leben fantastisch … Und doch war da Einsamkeit, Traurigkeit und Erschöpfung. Es stimmte einfach nicht. Ich betrachtete das fröhliche Porträt von mir im Editorial des Magazins. Ich lachte. Aber nur auf dem Foto. Was geschieht, wenn ich alles, was mich stört und womit ich mich zugleich verbunden fühle, hinter mir lasse, fragte ich mich. Was würde mit mir passieren, wenn alles (nur meine Tochter natürlich nicht) weg wäre? Der neue Mann, der Hund, die Zeitschrift, das Haus – alles weg? Diese Vorstellung, diese Gedanken waren so echt und realistisch, dass sich in mir eine bis dahin ungekannte Traurigkeit ausbreitete. Sie überfiel mich regelrecht. Und dann kam mir der Satz, der mir für immer in Erinnerung bleiben wird: »Wenn alles weg ist, bin ich übrig.«

Als ob ein Blitz einschlägt … Was auch immer geschieht, ich bleibe! Doch was genau ist das »Ich«, das da übrigbleibt? Das Selbst? Was sagt die Psychologie darüber oder die Philosophie, die Religionen,

die spirituellen Strömungen? So nahm die Idee ihren Anfang: Wie können wir von der Welt um uns herum unabhängiger werden, sodass wir auf die Welt in unserem Inneren vertrauen können, auf das, was immer übrig bleibt – das in der Mitte?
Ich machte mich auf die Suche, begann zu lesen, sammelte Begriffe und Themen, und schon nach ein paar Tagen war ich mir sicher: Diese Idee ist die Grundlage für eine neue Zeitschrift!

Ich habe herausgefunden,

dass eine Idee ein Gegenstück braucht.

Schon wieder die Zahl 2

Es gibt einen Sender und einen Empfänger.

Wie ein Ei, das befruchtet wird,

wie ein Flugzeug, das landen können muss.

Die Landebahn bist du.

Doch die Landebahn muss leer und verfügbar sein ...

sonst landet die Idee nicht.

EINER IDEE AUF DIE SPRÜNGE HELFEN

Das erste Gespräch verlief schon einmal nicht gut.

»Ich habe eine Idee für eine Zeitschrift, in der es um die persönliche Entwicklung, um Spiritualität gehen soll.«

»Du? Bist du dafür nicht zu jung? Mach das doch, wenn du mal alt bist und auf dein Leben zurückblickst.«

»Ist das nicht etwas eng gedacht, das so anzugehen?«

Lachend: »Kommst du dann in einem langen, violetten Gewand daher? Aber Inez, willst du einen Kaffee? Ach nein, du trinkst ja jetzt sicher Brennnesseltee.«

Das war einer der Momente, in dem jeder Funke Enthusiasmus erstickt wird.

Das war tödlich.

Ein alter, mir vertrauter Mechanismus kam wieder in Gang: Ich ging in die Verteidigung.

So kann das gehen in großen Unternehmen. Einer neuen Idee wird häufig nicht mit Offenheit begegnet – auch wenn das nur kurz der Fall ist – oder sie wird verkannt, wie ein Entdecker ...

Nein. Es beginnt mit einem »Nein« – oder einer zynischen Bemerkung.

Um seine eigenen Ideen zu verteidigen, bedarf es sehr viel Energie. Energie, die man eigentlich zur Verwirklichung dieser Ideale und Ideen einsetzen sollte. Sich ständig beweisen zu müssen, ist enorm anstrengend und demotivierend. Das führt dazu, dass man sich in solchen Situationen auf das Falsche konzentriert.

SCHUTZ

Und so ging es weiter. Meine Idee und ich flogen gemeinsam aus dem Chefbüro hinaus und sollten beide schon bald nicht mehr dorthin zurückkehren.

Doch nicht sofort. Erst rutschte ich noch tiefer in den Sumpf launischer Beschlüsse aus der Chefetage, ehe mir klar wurde, dass ich alleine weitermachen musste. Aber ich traute mich nicht gleich, noch nicht. Ich brauche den Schutzschirm, dachte ich ...

Wenn ich das zeichnen sollte, sähe das so aus:

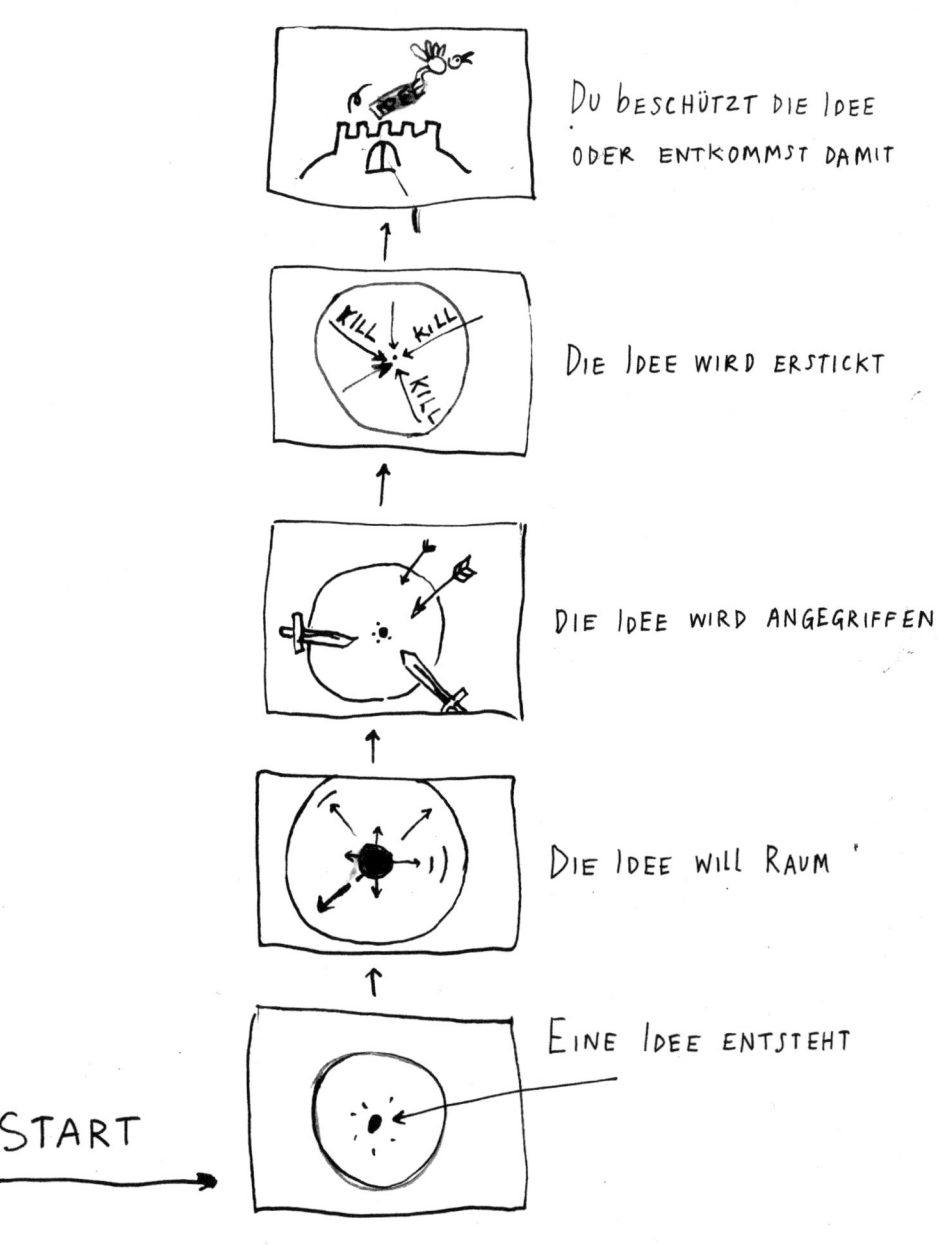

DU BESCHÜTZT DIE IDEE
ODER ENTKOMMST DAMIT

DIE IDEE WIRD ERSTICKT

DIE IDEE WIRD ANGEGRIFFEN

DIE IDEE WILL RAUM

EINE IDEE ENTSTEHT

START

Doch was genau bedeutete diese Form von Schutz? Kann ein Unternehmen – in der heutigen Zeit – einen Menschen beschützen?

Ich brauchte offenbar noch einen weiteren Anstoß, etwas, das mir wirklich naheging, etwas, gegen das sich all meine Körperzellen auflehnten, damit ich den Mut für den Sprung ins kalte Wasser aufbrachte.

Und dieses »Etwas« kam und zwar in Form einer Beleidigung.

Das große niederländische Verlagshaus, zu dem ich durch den Verkauf von *Seasons* gekommen war, war gerade von einem noch größeren finnischen Unternehmen übernommen worden. Und wie das so abläuft nach einer Übernahme, stehen sich die Chefs dann gegenseitig auf den Füßen. Wahrscheinlich war die Rollenverteilung mehr als klar, aber mir war das so nicht bewusst. Beide Chefs trafen ihre Entscheidungen unabhängig voneinander. So geschah es, dass ich nach dem vorangegangenen katastrophalen Gespräch mit dem einen Chef noch eine Besprechung mit dem anderen Boss hatte. Die lief wesentlich besser.

»Ich weiß noch nicht so richtig, was du genau vorhast. Aber mach doch einfach mal einen Dummy, eine Testausgabe mit fünfzig Seiten, dann kann ich mir mehr darunter vorstellen.«

Das klang schon besser.

»Du bekommst einen unserer besten Artdirector, nimm dir ein Büro im anderen Flügel des Gebäudes, am Ende des Ganges steht eines leer, leg los und wenn du fertig bist, sehen wir weiter.«

STELL DIR VOR

Also stellten wir den Dummy her. Ich wollte gerne einen Kreis auf dem Cover haben, als Symbol dafür, dass es kein Ende und keinen Anfang gibt. Man könnte auch sagen, dass der Kreis für die Tiefe steht, als könne man hineinblicken … Wie auch immer, kein Mensch begriff, was ich im Kopf hatte, aber der Artdirector traute sich, einen Kreis auf das Cover zu setzen.

Es wurde eine schöne und ernst zu nehmende Probeausgabe mit dem Titel *Imagine*. Im Sinne von »Stell dir vor, die Welt ist so, wie wir sie selbst sehen« oder »Dein eigenes Leben ist so« oder irgendein Ereignis. Stell dir das mal vor: Sobald du begreifst, dass jede Tatsache so ist, wie du sie betrachtest, machst du in deiner eigenen Entwicklung einen Schritt nach vorne. *Imagine* hieß also der neue Titel.

Kurz vor der Präsentation des Dummys erfuhren wir, dass das Wort *Imagine* nicht beim Marken- und Patentamt eingetragen werden konnte. Der Titel war bereits vergeben, verkauft und eingetragen. Jedenfalls durften wir den nicht verwenden.
Was nun? Der neue Titel wurde *Happinez*. Dieses Wort hatte ich als Mädchen immer unter Gedichte geschrieben. Wenn ich traurig war, wurde daraus *Emptinez* oder *Lonelinez*.
Aber war *Happinez* nicht zu platt? Zu oberflächlich? War das mit meinem Namen darin nicht zu viel Ego? Schließlich war ich keine Oprah Winfrey, die damals gerade ihre eigene Zeitschrift gestartet hatte.
Aber viel Zeit zum Nachdenken blieb nicht. Auf dem Cover stand *Happinez*, als wir nach der Durchquerung mehrerer Gänge schließlich am Ende eines weiteren Flurs in unserem Meeting landeten. Und was geschah dann?
Nichts!
Der Verleger nahm das Werk für eine Testrunde in Empfang. Das war der entscheidende Moment. Die Probenummer bekam den Titel: *Happinez – ein Erfolg oder nicht?*
Es gab weder Kuchen noch Champagner … Enthusiasmus genauso wenig. Ich ging mit leeren Händen nach Hause und durfte nun auf das Ergebnis warten. Ich fühlte mich wie ein Patient, der auf seine Diagnose wartet. Auf dem Heimweg im Auto surrte es in meinem Kopf: *Happinez – ein Erfolg oder nicht?*
Oder nicht? Wie kann man so etwas nur schreiben?! Oder nicht? Als würde man das »Also nicht« bereits mitdenken.

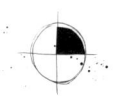

Begreift denn niemand, was Worte bewirken können? Wie Worte in unserem Gehirn arbeiten und nachklingen? Ein Verleger muss das doch wissen.

Oder nicht?

Ich war schon beinahe bei: »Dann eben nicht!«

Aber ich brauchte noch einen kleinen Schubs.

IN DEN WALD HINEIN

Wieder gab es ein Meeting. Mein Chef ergriff das Wort: »Inez, die Testrunde ist vorbei. Eine Testgruppe im Westen der Niederlande gab eine durchschnittliche Bewertung von 7, eine Gruppe in der Mitte des Landes gab eine 6, und eine Gruppe in Amsterdam kam auf 6,5. Wir finden das Ergebnis nicht überzeugend genug, um das Projekt zu starten. Aber auch nicht so enttäuschend, dass wir es fallen lassen würden. Ich schlage vor, dass du noch eine Testausgabe machst, eine neue Nummer mit anderem Inhalt, und dann geht es in die zweite Runde. Viel Erfolg.«

Das waren dieselben, die mein erstes geistiges Baby, das mehr als erfolgreiche Magazin Seasons gekauft und vergrößert hatten, ein Konzept, das bereits seit Jahren lief wie eine Eins. Ich lebte und handelte wie eine Unternehmerin – und dann so etwas … Man kann über alles nachdenken. Aber auf so eine Art und Weise weggeschickt zu werden …

»Mach noch eine Probeausgabe.« Das war der Schubs, den ich noch gebraucht hatte. Ich war zutiefst beleidigt.

In meiner Denkwelt ist das Ergebnis eines Tests entweder ein »Ja« oder »Nein«. Wir machen es oder eben nicht. Das hingegen war völliger Unsinn. So fühlte es sich jedenfalls für mich an. Schlaf noch eine Nacht darüber, sagte die innere Stimme der Ratio. Doch mein ganzer Körper bäumte sich dagegen auf. Wie ein unruhiges Tier fuhr ich nach Hause.

Was kann mir schon geschehen? Warum mache ich mich so abhängig von Menschen, die nicht richtig wollen oder sich nicht trauen? Warum soll ich mich diesem Zweifel aussetzen, während

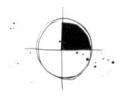

alles in mir weiß, dass ich dieses Magazin einfach machen muss!? Die Idee dazu war direkt aus der Mitte des Kreises gekommen. Mitten aus dem Herzen, aus der Seele, vielleicht direkt von Himmel und Erde. Erst an diesem Tag war ich mir ganz sicher: Ich mache das, ich überwinde meine Angst, ich springe!

MEIN WEG

Vielen kommt das sicher bekannt vor: Wenn es dunkel wird, ist alles anders. Abends werden die Stimmen im Kopf lauter. Stimmen, die mit unserer Angst befreundet sind und Gründe anführen, etwas nicht zu tun. Zum Beispiel: »In so einem großen Konzern kann ich mich ganz auf das Kreative konzentrieren, da muss ich mich nicht mit Geschäftsführung, Budgets und Sparmaßnahmen herumschlagen, das ist doch eine Erleichterung, oder?«
Doch das Gegenteil war wahr, das hatte ich schon mitbekommen.
»Wenn ich kein Geld mehr habe, was geschieht dann?«
»Was, wenn ich das Haus, in dem ich so glücklich bin, nicht mehr halten kann?«
»Wenn ich scheitere, was dann?«
Ich setzte mich an meinen alten Computer, an meinen Schreibtisch mitten in meinem Arbeitszimmer. Ich öffnete eine neue E-Mail, tippte die E-Mail-Adresse meines Chefs und den ersten Satz, der mir in den Sinn kam:
»Das ist nicht mein Weg.«
Was dann folgte, werde ich nie mehr vergessen, dieser Moment völligen Loslassens. Ich drückte auf »Senden«.
Es war beängstigend, ich hatte damit sozusagen meinen Vertrag bei dem großen Verlag gekündigt. Kein Gehalt mehr, kein Geschäftsauto, keine Sicherheit … Das war der Beginn meines eigenen Unternehmens. Von jetzt auf gleich war alles anders. Meine Angst, etwas zu verlieren, verwandelte sich in Freude über alles, was ich noch hatte. Ich betrachtete mein Haus und dachte: Ich genieße es, solange es noch geht. Ich genieße die Aussicht, solange ich sie noch habe. Aus der Angst entstand das bewusste

Leben im Jetzt. So in etwa war das, anders kann ich es nicht erklären.

Natürlich gab es danach auch noch einsame Momente und Zweifel, doch die Freiheit, das zu kreieren, was ich wollte, mich ganz und gar auf meinen eigenen Weg einzulassen, war das schönste Geschenk, das ich mir selbst machen konnte.

EIN FÖRMLICHES GESPRÄCH

»Du willst also gehen?«, fragte ein Fachbereichsleiter.

»Ja, ich muss das selbst machen.«

»Das passt auch besser zu dir. Dann kannst du mit deiner Idee viel besser durchstarten.«

Ich dachte noch: Wie anständig, sie nehmen echt Anteil an meiner Zukunft.

»Noch kurz etwas Geschäftliches. Du hast die Idee hier entwickelt, also gehört das Konzept *Happinez* uns.«

Tausende Gedanken rasten durch meinen Kopf. Hätte ich *Imagine* stehen gelassen, könnte ich sagen: »Glückwunsch zu eurem Konzept, ich überlege mir zu Hause etwas anderes.« Aber so war es nicht. Auf der Probeausgabe stand *Happinez*, und der Name hatte schon die Runde gemacht.

»Du kannst das Konzept kaufen, dann steht es dir frei zu gehen.«

Ich konnte es erst überhaupt nicht glauben.

»Aber Inez ist mein Name, *Happinez* ist mein Wort …!«

Durch den Verkauf von *Seasons* an diesen Verlag war ich schon lange angestellt, und alles, was man sich innerhalb einer Anstellung für ein Unternehmen ausdenkt, ist Eigentum des Unternehmens. Das ist auch in Ordnung. Aber in diesem Fall … Eine Probeausgabe ist noch keine Zeitschrift, ein Name noch kein Unternehmen, die Investitionen mussten erst noch getätigt werden – und dann das!

So ein kleinkariertes Gehabe. Jede Stunde des Artdirectors wurde gezählt, jede Farbkopie notiert. Es war so eine Erbsenzählerei, dass es mich bald schon wieder kaltließ. Ich dachte nur noch:

		2	1.02
अधीन मानक आस्तियों		2	1.02
आदि के अधीन अवमानक आस्तियों		0	0.00
कुल राशि			
रचना आदि के अधीन संदिग्ध आस्ति		2	5.59
न राशि			

स्तियों की पुनर्रचना हेतु प्रतिभूतिकरण/पुनर्रचना कम्पनी को बेची गई
त्तीय आस्तियों का ब्यौरा

	31.03.2006	31.03.2005
तों की संख्या	40	34
सी/आरसी को बेचे गए खातों का कुल	56.13	42.40
य (प्रावधान को छोड़कर)		
न प्रतिफल	73.56	31.75
ले वर्षों में अंतरित किए गए खातों के	4.05	
बन्ध में प्राप्त अतिरिक्त प्रतिफल		
ल अंकित मूल्य की तुलना में कुल	17.42	(-)10.65
भ/हानि		

नक आस्तियों सम्बन्धी प्रावधान

	31.03.2006	31.03.2005
नक आस्तियों के सम्बन्ध में प्रावधान	284.68	257.43

रोबारी अनुपात

	31.03.2006	31.03.2005
र्यकारी निधियों के प्रतिशत के रूप में	7.28%	7.04%
याज आय		
र्यकारी निधियों के प्रतिशत के रूप में	0.94%	1.39%
र ब्याज आय		
र्यकारी निधियों के प्रतिशत के रूप में	2.18%	2.25%
रिचालन लाभ		
आस्तियों पर प्रतिफल	1.09%	
ति कर्मचारी कारोबार	276.87	
लाख रूपयों में)		
ति कर्मचारी निवल		

---

ii)	Total amount of standard assets subjected to restructuring etc.	2
iii)	Total amount of sub-standard assets subjected to restructuring etc.	0
iv)	Total amount of doubtful assets subjected to restructuring etc.	2

1.4.3 Details of financial assets sold to Securitisation/ Company (SC/RC) for Asset Reconstruction

Items	31.03.2006
i. No: of Accounts	40
ii. Aggregate value (net of provisions) of accounts sold to SC/RC	56.13
iii. Aggregate consideration	73.56
iv. Additional consideration realized in respect of accounts transferred in earlier years	4.05
v. Aggregate gain/loss over net book value	17.42

1.4.4 Provisions on Standard Assets

Items	31.03.20
i. Provisions towards Standard Assets	284.68

1.5 Business Ratios

Items	31.03.2
i. Interest Income as a percentage to Working Funds	7.28%
ii. Non-Interest Income as a percentage to Working Funds	0.94%
iii. Operating profit as a percentage to Working Funds	2.18%
iv. Return on Assets	1.09%
v. Business (Deposits plus advances) per employee (Rs. In lacs)	336.5
vi. Profit per employee (Rs. In lacs)	2.48

1.6 Asset Liability Management*

Maturity Pattern of certain item of assets

Maturity Pattern	Deposits	Advances	Investments (Gross)	Borrow
1-14 days	7839.25 (7542.16)	6362.44 (7012.77)	(88.41)	
15-28 days	6300.10 (1622.76)	1618.68 (1827.67)	119.19 (607.74)	
29 days to 3 months	6944.74 (5356.22)	5970.50 (4993.93)	229.36 (1551.48)	
Over 3 months to 6 months	6192.04 (5871.90)	7460.14 (303.29)	60.80 (653.71)	
Over 6 months to 1 year	3711.63 (5573.66)	1596.14 (1012.30)	148.19 (213.17)	
Over 1 year to 3 years	6385.84 (52664.25)	17151.98 (15082.38)	5576.62 (2998...)	
Over 3 years to 5 years	421.59 (3662.30)	10947.05 (7653.32)	8103... (19080.8...)	
Over 5 years	8106.73 (20872.63)	9920.20 (8416.09)	27812.97 (34005.81)	
Total	11966..92 (103166.89)	42095.39 (60412.73)	66.. (271...)	

(Figures in brackets relate to previous year)
*As compiled by the management & relied upon by the auditors

का ...
एवं शेयर ...
दिये जाते हैं ...

(ख) डीमैट ...
बैंक के शेयरों ...
अन्तर्गत किया ...
सैन्ट्रल डिपाजिट ...
रूप में रखे गर ...

(i) शेयरध ...
शेयरधारक की ...
भारत के राष्ट्र ...
एफआईआई/ए ...
बैंक/वित्तीय ...
म्यूच्युअल फण्ड ...
भारतीय कम्प ...
जो ...

(ii) 31.3.2 ...
(iii) प्रत्येक शे ...
(iv) वितरण ...
शेयरधारकों ...
की संख्या ...

336544

2862

426

108

67

50

279

340414   100

50

Nicht schon wieder. Nicht schon wieder so eine Situation, in der andere bestimmen, was mit einer Idee geschieht. Inez, reiß dich zusammen. Zahle und gehe.

Ich bekam eine gesalzene Rechnung. Als Dank für das Einbringen einer gewinnbringenden Zeitschrift bekam ich einige Monate Gehaltsfortzahlung. Davon bezahlte ich die Rechnung. Somit war das Thema vom Tisch.
Ich war frei. Ohne Gehalt und ohne Auto, aber immerhin frei.

EINSTELLUNGSSACHE

Alleine in meinem Arbeitszimmer blickte ich aus dem Fenster über die Felder und Wiesen. Die Kühe auf der Weide, ein Pferd auf dem Deich. *Happinez* in meinen Gedanken. Tränen in meinen Augen. Wie sollte ich vorgehen?
Wie mutlos ein Mensch doch werden kann, wenn er wieder alleine in einem Büro sitzt. Keine Kollegen, mit denen man sich hätte besprechen können, alles muss aus einem selbst kommen. Ich wollte es wirklich, aber es fühlte sich manchmal so aussichtslos an. Christina Aguileiras Hit »Beautiful« ertönte jeden Tag in voller Lautstärke aus den Lautsprechern: »*I am beautiful, no matter what they say, words can't bring me down.*«
Kitsch vom Feinsten und sentimental dazu, aber ich brauchte ihre Botschaft einfach. Niemand konnte sich vorstellen, dass aus meiner Idee etwas werden könnte. Spiritualität verkauft sich doch nicht … Nicht einmal meine Freunde verstanden die Idee. Und dann sitzt man da tagein, tagaus allein in einer zum Büro ausgebauten Garage. Los, mitsingen! »*Words can't bring me down.*« Selbst beim Aufschreiben fühle ich es wieder.
»Wenn du wieder einmal eine Zeitschrift aufbaust, sag mir Bescheid.« Es gibt immer Menschen, die so etwas sagen. Sie sehen den Erfolg und wollen in das nächste Projekt investieren. Zum Glück gibt es Unternehmer, die Chancen sehen. Ein Tipp also für alle, die irgendwann einmal »etwas« anfangen wollen: Es gibt

wie viel ????
HUNDERTMILLIONENSECHSTAUSENDACHTZIG EURO....
Wie viel !?!!?

immer Leute, die investieren wollen. Man muss sie nur finden. Wichtig ist es, kritisch zu bleiben, sich nicht dem Nächstbesten an den Hals zu werfen, und dann braucht man auch das berühmte Quäntchen Glück.

FUNDAMENT

Von meiner Zeit mit *Seasons* weiß ich, dass ein Mensch nicht alles kann. Und noch eine Erkenntnis: Das braucht er auch nicht! Man sollte eine Idee nicht zu sehr von einer einzigen Person abhängig machen. Stattdessen ist es wichtig, gleich ein solides Fundament zu planen, das wie ein Fels in der Brandung steht. Diese Konstruktion muss alle Kreissegmente beinhalten: Ideale, Geist, insbesondere aber auch die für die Umsetzung nötige Form und Finanzierung. Wenn dem Geistigen das Fundament fehlt, schwebt es. Und dann verliert man es schnell aus den Augen. Es klingt vielleicht nicht besonders spannend, aber ihren Anfang nahm *Happinez* mit Excel-Tabellen. Gemeinsam mit einem Finanz-berater wurde das zukünftige Unternehmen in ein Finanzierungs-konzept übersetzt. Wie viele Zeitschriften sollen gedruckt werden, wie viele würden wohl verkauft werden? Wie viele Menschen können wir anstellen? Wie lange würde es wohl dauern, bis die Zeitschrift schwarze Zahlen schreibt? Wir probierten alle mögli-chen Kombinationen aus. Wenn wir das machen, dann … Wenn wir es so machen, dann …

Wenn man alle möglichen Kosten zusammenrechnet und alle möglichen Einnahmequellen davon abzieht, dann ergibt sich der Betrag, der nötig ist, um *Happinez* innerhalb von fünf Jahren auf dem Markt zu etablieren. Ich dachte immer: Es ist ja nur Papier, es ist nur Spekulation, Fantasie, die Wirklichkeit muss erst noch kom-men … Doch so fing es an. Auf dem Papier musste es stimmen. Mit all diesen Zahlen gewappnet konnte ich wieder in die Welt hinaus, zurück zu den Leuten, die gesagt hatten: »Falls du dich einmal selbstständig machst …« Der eine hatte hunderttausend Euro, der andere siebzigtausend, wieder ein anderer hundert-

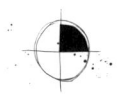

ODE an das LEBEN

zwanzigtausend Euro. Viel Geld. Noch immer bewundere ich Menschen, die einfach so auf eine Idee setzen, als spielten sie Lotto. Aber es reichte nicht. Was geschieht, wenn das Geld aufgebraucht ist, wenn der Start missglückt? Haben diese Leute genug Kapital auf der Bank für eine weitere Finanzspritze?

Eine Idee kann gut sein, aber wenn die Teilhaber bei einer zweiten Runde nicht mehr mitziehen, ist man weg vom Fenster. Das hatte ich bei *Seasons* bereits einmal fast mitgemacht, diesmal wollte ich also sicher sein, dass die Investoren genügend finanziellen Spielraum haben.

Über mehrere Ecken erhielt ich einen Termin bei einem professionellen Investor. Jemand, der zugleich auch dem Inhalt von *Happinez* gegenüber aufgeschlossen war.

Das Wunder wurde wahr, er sah das Potenzial. »Ich mache bei deinem Projekt mit, aber ohne die anderen. Du und ich. Sonst bin ich raus.«

Pfff, wie im Film, so spannend war das für mich. Aber nach diesem Treffen wusste ich, dass wir es schaffen würden. Die Finanzierung war gesichert, wie man so schön sagt.

Er ging, und ich saß wieder alleine in meinem Büro. Vor Glück strotzend. So ein magischer Moment. Seit Jahren schon rauchte ich nicht mehr, aber auf dem Tisch lag eine vergessene Zigarette. Ich steckte sie an und teilte mein Glück mit Kringeln aus Rauch, die ihren Weg nach oben suchten, wie eine Verbindung zwischen Himmel und Erde. Ich konnte loslegen!

WILLKOMMEN BEI HAPPINEZ

Mein erstes Editorial schrieb ich 2003. Es war eine Antwort auf das enorme Wirtschaftswachstum, nun sollte es über die verschiedenen Krisen gehen, doch der Ausgangspunkt blieb derselbe. Glück ist letztlich die Antwort auf alles.

Ich fühlte mich wie eine Forschungsreisende in der Welt der Spiritualität und der Religionen, und den Leser nahm ich mit auf diese Reise. Ich wollte wissen, wie die Welt funktioniert. Naiv

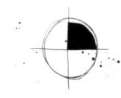

Ein Fragment von damals

... Wir haben so ziemlich alle in den vergangenen paar
Jahren auf die ein oder andere Weise von dem unumstößli-
chen ökonomischen Wachstum profitiert. Es war eine Zeit
des Luxus, des Erfolgs, von Reichhaltigkeit und Überfluss.
Doch dem stand etwas gegenüber: Verhärtung, Verflachung,
Erschöpfung ... Und aus dem Grund sind so viele Menschen
nun auf der Suche nach einer anderen Lebensweise. Etwas
sinnerfüllter und ausgewogener, bitte.
Happiness is an inside job, habe ich irgendwo gelesen. Und
das stimmt auch. Wenn sich die Welt außerhalb von uns so
schnell verändert, ist es schlauer, sich auf sein Innenleben zu verlassen. Wie man diese Welt kennenlernt, kann
bisweilen ein langer Weg sein. Interessant und aufregend
ist er allemal. Auf diesen Weg möchte ich meine Leser gerne
mitnehmen. Eine Suche nach Weisheit und Erkenntnis.
Darum haben wir uns für diesen Titel entschieden:
Happinez.
Kein oberflächlicher Gedanke, sondern ein inside job. Für
mich und für Sie!
Inez

vielleicht, aber ich ging davon aus, dass es mindestens fünfzig-
tausend anderen ebenso ergehen müsste. Die Zeitschrift sollte
kleiner werden als die vorige, das war zumindest der Außenwelt
mehr als klar. »Denke bloß nicht, dass du deinen Erfolg mit *Seasons* wiederholen kannst!«

Sicher, auf solche Stimmen hört man schon, aber wenn eine Idee
ein persönliches Verlangen in sich trägt, macht es nicht viel aus,
was »die Leute« sagen. Es ist nicht wichtig, man entscheidet sich
doch dafür. Ich jedenfalls entschied mich dafür!

SCHÖNHEIT

Was geschieht, wenn man etwas auf den Markt bringt, was es
noch nicht gibt? Es kommt Kritik. Das ist ein Naturgesetz.
Kaum einer, der beruflich mit Zeitschriften zu tun hat, sah eine
Zukunft für *Happinez*. Auch Rezensenten waren überaus kritisch,
doch der größte Angriff kam von seriösen und gläubigen Menschen. »Lass Gott aus dem Spiel!« So etwas in der Art.
»Warum muss das Blatt so glänzend sein? Warum verkaufst du alle
Formen von Spiritualität, als gehe es um ein Produkt aus dem
Supermarkt?« Die ersten Attacken kamen von innen. Diese Nachricht traf mich mitten ins Herz: »Wenn du eine seriöse Meinung
verkündest, ist die Form egal. Es geht darum, was du sagst, was du
schreibst. Alles Übrige ist nebensächlich. Du konzentrierst dich
ganz auf die Verpackung.«

Etwas Altbekanntes stieg in mir hoch. Die tiefverwurzelte Aversion
gegen die Kirche, die ich in meiner Jugend hegte, wurde wieder
lebendig. Schon als Kind verstand ich nicht, warum die Kirchen-
bänke so hart und die Wände so kahl waren, warum die Menschen
eine Stunde lang ihre Jacken anbehielten und warum die Musik
so fürchterlich dominant war. Es ging um das Wort. »Das Wort
Gottes«, hieß es dann. Wie enttäuschend, so fand ich schon
damals, dass dieser große Geist auf diese Weise ausgestaltet
wurde, so freudlos, ohne Lachen, ohne Farbe.

Und nun konnte ich also selbst den großen Geist (oder mehrere) lebendig werden lassen. Ein Gott ohne Dach, ohne Punkt oder Kreuz, ohne Moschee, ein Gott in einer Zeitschrift. Es ging um Bewusstsein, um Kontaktaufnahme mit etwas, das unser eigenes Denken übersteigt. Und das alles in Geschichten, Interviews und Fotos.

Inhalt macht Menschen schöner, dachte ich. Auch das Magazin musste also schön werden. Warum sollten wir auf billigem Papier drucken? Und wenn man an eine Kraft glaubt, die diese Welt geschaffen hat, mit Meeren und Wolken in allen möglichen Blauschattierungen, mit Wiesen und Tälern in verschiedensten Grüntönen und Vögeln und Blumen in Rot und Orange, wenn man sich also ein Beispiel an der Natur nimmt, so sieht man, dass der unsichtbare Designer an nichts gespart hat. Alles gibt es im Überfluss, Farben und Strukturen in Hülle und Fülle. Warum sollte eine Zeitschrift über diese Kraft dann »schlicht« aussehen?

Es wurde also ein richtiges Feuerwerk, Ausdruck des Staunens und der Achtung. Farben in vielen Schattierungen, wie auch unser Leben bunt ist. Immer war es dieselbe Botschaft: Strebe nach dem Schönen, in allem, was du tust. Wie eine Ode an das Leben. Wenn es Kritik für unser Blatt hagelte, kamen die Antworten wie von selbst. Und all der Frust von früher wurde mit angepackt; was war mir dieser ausgedachte Gott zuwider, der uns klein und farblos macht. In diesem Magazin ging es um das Gegenteil. Und das sah man auch.

Meine Lektion hatte ich gelernt. Angst vor Kritik muss man nur dann haben, wenn man sich seiner Meinung nicht sicher ist. Was gab es zu verteidigen? Diese Idee war fundiert. Ich musste keine Angst mehr vor irgendwelchen Angriffen haben. Denn diese Idee war echt, sie kam aus meinem Innersten. Das verleiht Standfestigkeit.

GLÜCK

Nach einsamen Monaten in meinem Büro wurde mir immer klarer, wie inspirierend die Zusammenarbeit mit Kollegen war. Ideen wollen geteilt werden!

Die ersten Kollegen konnten eingestellt werden. Ich hatte Glück dabei. Auf Stellenanzeigen hatte ich verzichtet, alles geschah durch Mundpropaganda, und so ergab sich das beste Team aller Zeiten. Unsere Ideale nahmen Gestalt an.

Wir druckten zu viele Exemplare, doch das war unsere Art zu sagen: »Es gibt uns, wir sind da!«. Druckt man zu wenige, steht die Zeitschrift versteckt zwischen den anderen Magazinen. Druckt man zu viele, sind das höhere Kosten, aber die Zeitschrift liegt in einem eigenen Stapel auf dem Regal neben anderen Hochglanzmagazinen. Genau das wollten wir. Es wurden große Stapel an die Geschäfte geliefert. Sie konnten uns nicht übersehen. Glück kann man nicht kaufen, *Happinez* schon. Unsere Ausgabe ging in die Welt hinaus.

Bei jeder Ausgabe gewannen wir neue Leser. Zehntausend mehr, dann noch einmal zehntausend, jeden Monat waren es mehr. Es war wie ein Spiel, ein großes Abenteuer. Zugleich war es auch ein richtiges Unternehmen, einschließlich der Verantwortung gegenüber dem Personal, Auslieferern und den Lesern. Inhaltlich musste gut sein und bleiben, kein esoterischer Kitsch, sondern solide Geschichten und Reportagen nach allen Regeln der Kunst.

Nun war es keine bloße Idee mehr, es war greifbar. Es hingen Arbeitsplätze in den Geschäften und Druckereien daran, Verteiler, Lithografen, Fotografen, Journalisten … viele Menschen waren daran beteiligt. Das ist der schönste Lohn für eine Idee.

Mein Vater sagte immer, als er mir Schachspielen beibrachte: »Mit deinem ersten Zug wird das Spiel lebendig. Es ist nur ein Bauer, ein kleiner Schritt nach vorne, aber danach kommen alle in Bewegung.«

So geschah es. Alles kam in Bewegung. Das Magazin verkaufte sich, und in kürzester Zeit wurde *Happinez* eines der größten Hochglanzmagazine der Niederlande. Das Blatt machte glücklich.

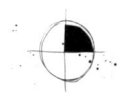

RECIRCLE HAPPINEZ IN 12 LEKTIONEN

DIE LEKTION VON EINEM STEIN

(NICHTS KANN EINEM ALLES GEBEN)

Es gibt dort überhaupt nichts.
Das war mein ängstlicher Gedanke auf der Fähre zu der kleinen schottischen Insel Iona, auf der Suche nach einer Geschichte.
Es gibt dort nichts – ich war ein wenig besorgt. Hat es fotografisch genug zu bieten? Gibt es genug zu tun? Als gäbe einem die Kontrolle über das Wer, Was und Wo ein wenig Sicherheit und Ruhe für das rastlose Denken. Das Gegenteil ist aber der Fall: Der Mensch kann den Fokus verlieren, wenn er unter Stress steht. Oder stand.
Vor meiner Abreise recherchierte ich noch kurz im Internet: Wie groß ist die Insel, wie sieht mein Hotel aus, wie lange dauert die Fahrt, wie viele Geschäfte gibt es dort …
Alles Mögliche suchst du und findest doch nichts. Zumindest nicht das Wesentliche. Das geschieht nämlich erst nach einigen Tagen, wenn der Smog des Bürolebens sich verflüchtigt hat. Dann sieht man auf einmal, wie wichtig es ist, ab und zu in einer Umgebung ohne Lärm, ohne Computer und ohne Terminkalender zu entspannen.
Dann kann es sogar passieren, dass man von der Aussicht getroffen wird, als wäre sie eine Infusion mit Stille. Ich saß einfach am Boden, auf den moosigen Steinen in der St. Columba Bucht, und es war so ungewöhnlich friedlich, dass es mich richtiggehend überraschte. Kein Mensch weit und breit, und es gab nichts als überwältigende Natur.
Da saß ich auf einem Stein und dachte: Das will ich genießen, ehe wir uns alle wieder in unsere Termine stürzen und uns überlegen, was wir wollen und was nicht …
Die Geschichten, die einen letztlich ein Leben lang begleiten, drehen sich alle um Momente des Nichts. Wie der auf dem Stein am Wasser: Momente des Nichts geben einem viel. Manchmal alles, was man braucht.

DIE LEKTION VON DEM FREMDEN- FÜHRER IN KATHMANDU

(ZUHÖREN MACHT GLÜCKLICH)

Nach einem Aufenthalt in einem Kloster in Nepal bleibe ich noch einige Tage allein in Kathmandu, einer dreckigen, geschäftigen und faszinierenden Stadt, die vor Spiritualität nur so strotzt. Hindus und Buddhisten leben friedlich zusammen, umweht von einer Mischung aus Weihrauch und dampfenden Opfergaben.

Abends ist das Hotel leer. Ich sitze alleine im Speisesaal. Der junge Ober hat nichts zu tun und bleibt ein wenig an meinem Tisch stehen. Er scharwenzelt ein wenig um mich herum, und dann kommt er endlich zur Sache: »*I want to be your guide.*«

Am folgenden Morgen sitzen wir zusammen in einem Auto mit Chauffeur, und er begleitet mich zu Tempeln und historischen Orten. Wir essen gemeinsam, und auf einmal beginnt er zu erzählen. Über seine Freundin, über den Buddhismus, über die strengen Regeln in seiner Familie. Er liebt das Mädchen, zeigt mir Fotos, und wenn er über sie spricht, legt er die Hand auf sein Herz. Er erzählt mir Dinge, die er noch nie jemandem erzählt hat, die er niemandem erzählen kann, weil es sich um verbotene Themen handelt. Zumindest in seiner Kultur. Wir Niederländer sind ja eher direkt und offenherzig. Und irgendwie mache ich ihn so glücklich, indem ich ihm einfach zuhöre und Fragen stelle, dass es uns beide rührt. Strahlend sieht er mich an: »Wenn du über etwas nicht sprechen kannst, trägst du das immer mit dir herum, wie eine Last, die auf das Herz drückt. Und jetzt habe ich es ausgesprochen. Wir haben meine Worte geteilt, und die Last ist verschwunden. Ich will kein Trinkgeld, denn du hast mir etwas viel Schöneres gegeben: Mein Herz ist heute federleicht.«

Teilen erleichtert. »*I want to be your guide*«, wollen wir uns diesen Satz merken?

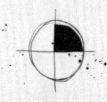

DIE LEKTION VON ECKHART TOLLE

(DAS EGO ERFINDET EINFACH ETWAS)

Ein Treffen mit Eckhart Tolle. Ein weiser Mann, der um die Welt reist, um von seinen Erkenntnissen zu erzählen. Beinahe tausend Menschen sitzen in einem Saal, und dann kommt dieser kleine Mann so ruhig und still auf das Podium, blickt mit fröhlichen Augen friedlich zu uns – ein ganz besonderer Mensch.

Seine schönste Lektion war die Geschichte über das Ego. Er erzählte über das Ich und das Ego, als ginge es um Kasperle und Gretel, mit seinen Händen als Figuren. Die eine Hand war sehr ruhig, ausgewogen und stabil, die andere Hand bewegte sich plappernd, unruhig und aufdringlich um die andere herum. Sehr witzig war das – und natürlich auch entlarvend. Insbesondere, wenn einem beim Zuhören klar wird, dass das Ego überhaupt niemand ist, keine Person, kein Ding, sondern nur eine Erfindung. Wollen wir einem ausgedachten Etwas doch ein Gesicht geben, identifizieren wir es mit äußerlichen Dingen wie Besitz, guter Bildung, Glauben, Karriere … Wir denken uns einfach etwas aus, aber das sind wir nicht. Und so kann es also sein, dass man sich mit jemandem unterhält, der sich selbst ein wenig erfunden hat. Oder aber wir selbst tun das.

»Sie müssen das nicht glauben«, sagt Tolle, »aber irgendwann wissen Sie, dass es wahr ist. Ganz am Ende wissen Sie es, wenn Sie dem Tod in die Augen sehen, wenn Ihnen alles genommen wird, alles, was Sie nicht sind.«

Das wäre doch eine echte Herausforderung, sich bewusst zu werden, was für ein Spiel das selbst ausgedachte Ego mit einem spielt. Dann spielen wir nicht mehr Kasperletheater. Das wäre schön. Dann bleibt das wahre Leben übrig.

DIE LEKTION VON BRUDER BENEDIKT

(ALLES IST GLEICH WICHTIG)

Manchmal wäre ich gerne eine Zeit lang ein Mönch – oder eine Nonne natürlich. Weg von allem, was einen ablenkt, leben im Rhythmus des Klosters. Zeit für Arbeit und Zeit für Stille. Zeit zu beginnen und Zeit zu beenden. Ganz einfach.

Offenbar bin ich nicht die Einzige. Das Interesse am Klosterleben wächst. Zahlreiche viel beschäftigte Menschen tauchen für kurze Zeit in das Klosterleben ein, um von der Weisheit der Mönche und Nonnen zu lernen.

In chaotischen Zeiten sehnen wir uns nach mehr Ordnung, festen Regeln, einem Rhythmus. In einem kleinen Buch über die Lebensregeln des Heiligen Benedikt steht: »Wenn du alles mit derselben Hingabe tust, gibt es keinen Unterschied mehr zwischen dem einen und dem anderen. Dann verdient deine Arbeit, dein Beruf genauso viel Hingabe wie das Aufräumen und der Abwasch. Wenn du alles mit derselben Intensität tust, gibt es keinen Unterschied mehr zwischen unangenehmen Aufgaben und so genannten interessanten und wichtigen Aufgaben.«

Das sprach mich an. Seit ich diesen Satz in dem Buch gelesen hatte, habe ich das Wort »Hingabe« in meinem Kopf. Die schöne Nachricht ist, dass es wirklich funktioniert. Es ist schwieriger als man meint, denn ein Mensch tut gerne drei Dinge auf einmal, aber wenn Hingabe die Hauptrolle bekommt, verläuft das Leben nicht mehr im Stakkato, sondern fließend. Widerstand löst sich auf, Widerwillen verschwindet, denn alles ist gleich wichtig, und alles verdient Hingabe. Letztlich bringt Hingabe Ruhe in all unser Tun. Und genau das brauchen wir. Lassen wir also die Nonne oder den Mönch in uns erwachen und ein eigenes, inneres Kloster errichten – mitten in der Welt.

DIE LEKTION VOM SCHLITTENFAHREN

(DEN EIGENEN WEG GEHEN)

Wann bekommt man eine Eingebung? Jedenfalls so gut wie nie, wenn man darauf wartet. Offenbar kann sie erst dann »durchkommen«, wenn alles andere weg ist, wenn das Denken kurz ausgeschaltet wird. Wenn etwas voll ist, kann schließlich nichts mehr dazukommen. Ist man, wenn auch nur ganz kurz, nicht mit dem Morgen oder Gestern beschäftigt, entsteht ein Raum, der leicht mit glücklichen Momenten gefüllt werden kann.

Das passierte mir kürzlich. Wir waren ein paar Tage in den Schnee gefahren und liehen uns am letzten Tag Holzschlitten aus, weil wir einmal etwas anderes machen wollten als sonst. Und das, so kann ich rückblickend sagen, war die schönste Idee. Mit so einem Schlitten den Lift nach oben zu fahren, sich auf dem Gipfel wie alle anderen großen und kleinen Kinder auf den Schlitten setzen, Kilometer nach unten rasen und sich total gehen lassen. Es gab keine Wahl, es gab keinen anderen Weg … Es gab nur das Jetzt.

Unten weiß man es: Welche Erleichterung wäre das, wenn jeder seinen eigenen Weg nehmen könnte, geschmeidig, fließend – ohne Umwege, ohne sich zu verirren – indem man nur der Natur folgt, der eigenen Natur. Und dann so vollkommen darin aufgehen, dass man unterwegs genügend Raum hat, um »einfach« glücklich zu sein. Dass man nicht überlegen muss, in welche Richtung man muss, dass man keine andere Wahl hat, als den eigenen Weg zu nehmen. Einfach weiter, wie im Schnee, bis man das Schild mit »ZIEL« vor sich sieht. Es ist eigentlich ein Endpunkt, kann aber auch der Beginn eines eigenen, neuen Weges sein.

DIE LEKTION EINES HEILERS

(RAUM BIETET SCHUTZ)

Wenn es um das Thema Raum geht, sind wir ganz schön kompliziert. Jetzt weiß ich es ganz sicher. Wir wollen viel Platz, wir wollen atmen können, uns entspannen, und jedes Mal laufen wir doch wieder genau dem Entgegengesetzten in die Arme. Und das umarmt uns. Unser Raum braucht offenbar Platz, um zur Geltung zu kommen. Ein dänischer Heiler, mit dem ich mich einmal unterhielt, betonte das ebenfalls. Er sagte: »Um uns gibt es einen unsichtbaren Raum, ein Energiefeld, das uns beschützt. Das ist nicht mystisch, sondern einfach Naturwissenschaft: Alles, was warm ist, gibt eine Strahlung ab. Also strahlen wir auch. Und in dem Moment, in dem wir uns quälen und Stress aufbauen, ziehen wir die Energie um uns herum nach innen. Wir brauchen sie dann, um zu funktionieren. Die Folge ist, dass unsere Schutzschicht dann sehr dünn wird.«

Gleichzeitig schiebt uns ein eigenartiger Mechanismus häufig zu hektischer Betriebsamkeit, zu vollen Sälen, vollen Terminkalendern und Energiefressern. Und wenn die unsichtbare Schutzschicht das alles nicht mehr abfangen kann, geht uns die Welt buchstäblich unter die Haut. Und was sagen wir dann? Wir brauchen Raum … dabei können wir uns den selbst immer und überall schaffen. Indem wir schöne Musik hören, uns Zeit zum Lesen nehmen, nach draußen gehen oder uns etwas anderes aussuchen …

Sein Rat war klar: Lass den Raum, der dich als Schutzschicht umgibt, nicht wegbröckeln, durch nichts und niemanden. Schütze dich selbst. Dann entsteht Raum für dich selbst und für das andere.

DIE LEKTION AUS DEM BAUCH HERAUS

(GEFÜHLE TRÜBEN DIE SICHT)

Unser Kopf und unser Denken spielten jahrelang die Hauptrolle. Wir stammen aus einer Zeit des Verstehens und Analysierens und wollen uns auf unseren Verstand verlassen. Und plötzlich ist da das Wort »Intuition«. Wir dürfen intuitiv handeln und intuitiv Geschäfte machen: Schalte deinen Verstand auf null und folge deinen Gefühlen … Ehe du dich's versiehst, hinkst du deinen Emotionen hinterher und landest im trüben Wasser. Ein buddhistischer Mönch erzählte mir einmal eine schöne Geschichte darüber. Er verglich unser Gefühlsleben mit dem Meer. Die Emotionen können stürmisch sein, der Wind sorgt für Wellen und Strömungen, du kannst den Boden nicht mehr sehen. Erst wenn du es wagst, deine Emotionen zu betrachten und zu erkennen, legt sich der Wind, und das Wasser wird klar. Und erst dann kannst du all das Schöne in der Tiefe des Meeres sehen und bewundern. Fische sieht man erst dann schwimmen, wenn das Wasser still ist.

Dann stehen wir wieder am Anfang: Emotionen sind eine Kopfsache, Gefühle sind woanders angesiedelt. Wo? Wissenschaftler haben entdeckt, dass sich im Bauch Millionen empfindliche Neuronen befinden, genau die gleichen Nervenzellen wie im Gehirn. Und sie arbeiten zusammen. Unser Bauch ist ein zweites Gehirn!

Die Stelle, über die wir ständig jammern – zu dick, zu gewölbt, zu wabbelig – ist vielleicht die Basis für unsere Existenz. Sie ist die Stelle, an der wir mit der Mutter verbunden waren, wo wir unsere Anspannung spüren, wo wir unser Essen verdauen, und wo wir Schmerzen vom Lachen haben können. Wenn wir das alles aufzählen, müssen wir doch zugeben, dass wir unseren Kopf gewaltig überschätzt haben. Wir sind gut beraten, von nun an auch zu unserem zweiten Gehirn abzutauchen, wo wir Intuition als reine Form des Wissens finden.

DIE LEKTION DER UREINWOHNER

(EINEM GOTT SETZT DU KEINEN ABFALL VOR)

In einer Zeit, in der die Menschen mehr denn je auf der Suche nach ihrer Bestimmung sind, fasziniert die uralte Weisheit der Maori mit den Geschichten über ihren Ursprung, ihre Mythen und Traditionen ganz besonders. Alles, was du vor dir siehst, sagen sie, hat sich aus deinem Handeln und dem deiner Ahnen ergeben. Vor dir liegt also die Vergangenheit! Du kannst sie ansehen, die Berge, die Gebäude, die Erde, die Küste und die Menschen. Die Zukunft liegt hingegen hinter dir, sie liegt im Verborgenen.
So lernte ich in Neuseeland nach hinten zu blicken, um voranzukommen *(to look backward to move forward)*.
Eine junge Maori-Frau, Melissa, presst ihre Nase auf meine, kurz berühren sich unsere Stirnen. »*Haere Mai*«, willkommen bist du, mit deiner Familie und deinen Ahnen. Auf einmal liegt die gesamte Geschichte der Maori vor uns, lediglich durch diese schlichte Begrüßung. Denn im Leben geht es nicht nur um dich, dein Befinden und Wohlergehen, sondern um das Wohl von allem, was deine Ahnen zuwege gebracht haben. So wird es auch deinen Nachkommen gut gehen. Eine schöne Geschichte und welch eine eindrucksvolle Begrüßung … Aber was hat es mit der Berührung der Nasen auf sich? »Das tun wir, weil wir dann gemeinsam atmen und so den Sauerstoff teilen!«
Überall auf der Welt suchen die Menschen nach ihren Wurzeln. Nachdem erst – verallgemeinernd gesagt – alles, was von den indigenen Völkern stammte, über Bord geworfen worden war, sieht man nun vielerorts eine Umkehr: Von Australien bis Amerika sind die Menschen auf der Suche nach ihrem eigenen kulturellen Erbe. So auch in Neuseeland. Vor allem junge Menschen berufen sich wieder auf ihre Herkunft als Maori und wollen der Welt ihre Geschichte erzählen. »Woher kommst du?«, lautet daher ihre Kernfrage.
Melissa erklärt: »Die Antwort darauf erzählt, wer du bist, wer deine Familie ist, welche Geschichte du hast. Sie stellt eine Verbindung her. Schließlich bist du keine losgelöste Einheit. Es gibt immer noch ein Seil, das uns mit den Ahnen verbindet.

Hier heißt es: Mit welchem Kanu bist du gekommen? Denn wir kommen vom Meer. Meine Geschichte nenne ich mein *whakapapa*, das ist eine Art Genealogie. Wir wissen nicht, wie lange genau es her ist, aber vor sechs- bis neuntausend Jahren reisten wir von den Inseln Polynesiens nach Süden und kamen nach Neuseeland. Bei der Begrüßung nennen wir den Namen des Kanus, mit dem unsere Ahnen kamen. Und das zig Generationen zurück.«

Wir blicken gemeinsam über das Meer, das mit einem Mal weit mehr als nur Wasser ist. Wir stehen nur da, doch man spürt etwas von ihrem Ursprung, ihren Geschichten. Melissa geht über den lilaschwarzen Sand zum Wasser und beginnt zu singen – eigentlich ist es eher ein Rezitieren, mit kurzen Kehllauten wie »hau«, »ha« und »waka tonga«. Sie wiederholt es immer wieder. Es ist wohl eine Art Gebet an Tangaroa, den Meeresgott. Überall gibt es Götter, im Wald, in den Bergen, in allem was lebt. Also auch im Meer, und darum muss man respektvoll mit dem Ozean umgehen, damit er sich nicht gegen einen wendet.

Die Idee ist so einfach wie treffend: Bringe dem Meer Respekt entgegen, und der Gott des Meeres ist dir wohl gesonnen. Das kann eine sichere Heimkehr von einer langen Seereise oder, ganz alltagsrelevant, der Fang von genügend Fischen sein, um deine Familie zu versorgen.

»Es ist wie eine Art Protokoll, sobald man beispielsweise auf See oder in den Wald geht, fragt man erst die Götter um Erlaubnis. Ganz einfach: Sorge für mich. Das mag wie eine rückständige Maori-Tradition klingen, doch wir wenden sie an, und dann wird sie ganz real. Es hat mit gegenseitigem Respekt zu tun. Wenn ich gut für die Natur sorge, sorgt sie für mich. Bei jeder anstehenden Entscheidung sollte man sich fragen: Ist das gut für die Natur? Ist es gut für die Erde und zu guter Letzt: Ist es gut für meine Familie und meine Nachkommen? Stell dir vor, jeder auf der Welt würde so denken, dann wäre Schluss mit dem rücksichtslosen Leben, kein Meer würde leergefischt werden, weil man an seine Nachkommen denkt, kein Müll würde einfach in der Natur entsorgt werden, weil man einem Gott keinen Abfall vor die Nase setzt. Dann sähe die Welt anders aus.«

DIE LEKTION DER NATUR

(DAS EINE FOLGT AUF DAS ANDERE)

Wie oft habe ich das schon gehört: »Wir müssen zurück zu unserer wahren Natur ...«

Aber wie friedliebend ist die Natur eigentlich? Ein Raubvogel holt sich sein Opfer im Sturzflug, ein Vogel wirft den anderen aus seinem Nest. Der eine frisst den anderen ... Sind wir Menschen genauso? Sind wir nur Naturwesen? Ich rufe den Förster, den Mann von der Wasserwacht des Naardermeers an und konfrontiere ihn mit meinen Gedanken. Wenn die Natur unser großes Vorbild wäre, wie sähe die Welt dann aus?

Er lacht: »Tiere wollen nur eines: der Größte, der Stärkste sein. Diesem Ziel ist alles untergeordnet. Sie kämpfen um den besten Lebensraum, sie streiten um das schönste, sicherste Nest. Und das dient nur einem Zweck: der Sicherung des Nachwuchses. Das Verlangen nach immer mehr und immer besser ist also eigentlich ganz natürlich und stammt von den Tieren. Wenn Geldverdienen ein Ersatz für gesunden Nachwuchs ist, dann gibt es keinen Unterschied zwischen Mensch und Tier. Doch das Schöne an der Natur ist, dass eine Art – wenn ein natürliches Gleichgewicht herrscht – nicht verschwindet. Eine Raubvogelpopulation kann enorm zunehmen, dann nimmt die Anzahl der Mäuse ab. Bis es zu wenig Mäuse gibt, und die Raubvögel nichts mehr zu fressen haben – dann sieht man weniger Raubvögel, und nach einiger Zeit wieder mehr Mäuse. Das ist der Wellenschlag der Natur. Das eine folgt auf das andere. Es ist eine natürliche Bewegung. Und das haben die Menschen verlernt. Wir können in unserem Drang, mehr zu verdienen, also von einem ökonomischen Standpunkt aus, sehr kurzsichtig alles wegnehmen, leerfischen und vernichten. Dadurch gerät alles und jeder aus dem Gleichgewicht.«

Vom Ego zu Öko, das ist also die Lösung für eine natürliche Lebensweise. Fragen wir uns also bei jeder Entscheidung nicht nur: Ist das gut für mich? Sondern auch: Ist das gut für die Natur, ist das gut für den anderen? Dann betrachten wir die Welt als ein Ganzes.

DIE LEKTION DER SÄNGERIN MATHILDE SANTING

(WIR SIND KEINE WIRTSCHAFTLICHE EINHEIT)

Wir können uns mit Worten weismachen, was wir wollen, wir können Gefühle hinter großen Reden verstecken und Unsicherheit auf verschiedene Weise maskieren. Aber es gibt eine Ausdrucksform, die tatsächlich absolut ehrlich ist: das Singen. Die Singstimme betrügt niemals. Jeder Nervenreiz kann in einer Schwingung vernommen werden, jedes Gefühl verursacht Gänsehaut. Zumindest … wenn man das Wagnis eingeht. Zusammen mit zehn anderen wurde ich von der Königin des Gefühls eingeladen, meine Stimme zu Gehör zu bringen: von der Sängerin Mathilde Santing.

»Sag mal: ›Ich will, dass du weggehst‹, während du von einem zum anderen Fuß tippelst. Probiert das alle einmal.« Abwechselnd stehen wir vor der Gruppe, tippelnd, kommandierend. Und tatsächlich, es kommt überhaupt nicht an.

»Und jetzt sag es noch einmal, während du mit deinen Füßen fest auf dem Boden stehst, nicht bewegen, Bodenkontakt: ›Ich will, dass du weggehst!‹, bleib fest stehen, dann bekommst du Kraft. Übe, offen und präsent zu sein!«

»Präsent sein« – das ist Mathilde Santings Motto. »Wie kannst du etwas tun, wenn dein Geist ganz woanders ist? Wie kannst du überzeugend singen, wenn du dir nicht bewusst bist, was du da singst?« Sie steht auf und führt es vor. Jedes Wort bekommt einen eigenen Klang, eine eigene Bedeutung, als koste sie jedes Wort erst, ehe sie es loslässt. Es ist wundervoll.

»Man kann die kommerzielle Musik mit der Pornoindustrie vergleichen. Leer und platt. Und doch, trotz der Sexindustrie konnte die Liebe sich halten. Trotz der ekelhaften Musikindustrie lässt die Musik sich nicht zerstören. Alles, was von innen kommt, bleibt bestehen, was auch geschieht, springlebendig. Daran glaube ich ganz fest. Wir sind doch nicht als wirtschaftliche Einheit auf die Welt gekommen. Ich erlebe das als Angriff auf alle Künstler. Wir sind hier, um miteinander zu spielen. Das ist es, was der Planet braucht. Spielende Menschen.«

DIE LEKTION DES LAPTOPS

(WO IST MEIN LADEGERÄT?)

Mein Laptop braucht Energie. Das Ding gibt ein Warnsignal von sich, und ich muss ihm dann schnell Strom zukommen lassen, sonst geht das Licht aus. Wir sind mittlerweile so vertraut mit Dingen, die wir mal schnell aufladen, dass wir beinahe schon glauben, das sei der natürliche Lauf der Dinge und mit uns gehe das ebenso. Energie erhält man von einer externen Quelle … Aber wo ist mein Ladegerät? Die Energie kann man verlieren, das haben wir wahrscheinlich alle schon einmal erlebt. Auch ich. Ich ging einer Arbeit nach, die ich nicht mehr hätte tun sollen; ich hatte eine Beziehung, die ich eigentlich beenden wollte. Aber ein Mensch verfügt über besondere Kräfte, und Willenskraft ist eine davon. Das Wort verrät es bereits, ich wollte einfach, dass alles glatt ging. Und das Merkwürdige ist, dass einen das Leben dann plötzlich so viel Kraft kostet, dass man erschöpft zurückbleibt.

Kraft hat seltsamerweise sehr viel mit ihrem Gegenteil zu tun. Damit meine ich nicht Kraftlosigkeit oder Schwäche, sondern etwas, das eigentlich keine Kraft kostet. Mühelosigkeit kommt dem sehr nahe. Denn was tun wir mühelos?

Ganz einfach Dinge, die wir schön und aufregend finden.

Der Weg der Mühelosigkeit wird oft mit einem Fluss verglichen, vielleicht ein Klischee, aber das Bild ist deutlich. Man muss meist nicht einmal seine Richtung ändern, denn der Fluss gibt sie vor. Will man gegen die Strömung schwimmen, muss man viel Kraft aufwenden.

Was also gibt Kraft? Wenn ich mir mein Leben so ansehe, dann lautet die Antwort stets: Die Suche nach meinem eigenen Weg, das Finden meines eigenen Flusses. Und folge ich meiner eigenen Strömung, brauche ich keine Steckdose. Denn wenn du dich bewusst für ein Leben entscheidest, das zu dir passt, dann wirst du dafür sogar noch mit zusätzlicher Power belohnt. Von innen, denn das Ladegerät, das dürfte klar sein, bist du selbst.

DIE LEKTION EINES LEHRERS IN NEPAL

(LÖSE DICH VON ERINNERUNGEN)

In Nepal, in einem Kloster außerhalb von Kathmandu, lernte ich, mich ganz dem Moment hinzugeben. Das ist beinahe unmöglich, denn bei allem, was wir sehen, werden wir von eigenen Interpretationen oder Erinnerungen »belastet«.

»*Purify the mind*« war die Botschaft über eine Woche lang. Sich bewusst werden. Die Lehrer verdeutlichten alles mit einfachen Geschichten.

»Kennt ihr die Geschichte vom Hund? Jemand warf ihm einen Stein an den Kopf, und der Hund wurde so wütend auf den Stein, dass er ihn biss. Dumm, ja, das Tier sieht nicht, wer oder was dahinter steht. So geht es uns auch: Wenn wir einfach nur nach allem schnappen, was uns in die Quere kommt, geht es nicht weiter. Um unser Bewusstsein zu erweitern, müssen wir lernen, unseren Kummer genau anzusehen. Wer weiß, vielleicht liegt die Ursache für unser Leid in uns selbst und nicht bei dem anderen, der den Stein warf. Versucht es einmal!«

»Aber wie macht man das denn?«, fragten wir die Lehrer. Wie geht man mit jemandem um, der »Steine wirft«, aggressiv und gemein ist? Und wieder bekamen wir eine Geschichte zu hören.

»Vergleicht unseren Geist mit Wasser. Stellt euch dann einen Becher mit kochendem Wasser vor und macht euch klar: Das heiße Wasser ist nicht das Wesen des Wassers. Etwas hat das Wasser erhitzt. Unser Geist ist nicht von Natur aus böse oder aggressiv. Denkt an das heiße Wasser und macht euch bewusst, dass es abkühlt, um zu seinem natürlichen Zustand zurückzukehren.« Und dann wurde der Satz wiederholt: »*Purify the mind.*« Das war unser Auftrag. Löse dich von Erinnerungen. Von Bildern, die in unserem Geist eingebrannt bleiben. Lass die Bilder verblassen, die Farben sich auflösen. Kann es dann einen Augenblick ohne Erinnerungen geben? Ohne eine Wahrheit, die vielleicht nur eine relative Wahrheit ist? Gib dich ganz hin. Dann bist du in der Mitte und erfährst den Moment so, wie er ist.

WER VERABSCHIEDET SICH DENN VOM ERFOLG?

Bereits in früheren Phasen hatte das Leben mich von meinem Mittelpunkt über den Außenrand des Kreises hinweggezogen. Dort erwarteten mich Unruhe und Erschöpfung, und so geschah es auch dieses Mal wieder. Aber diesmal konnte ich früher die Kontrolle zurückerlangen.

WACHSTUM

Wir sahen uns ein Fußballspiel an. Ein aufgeregter Kommentator sprach von einem ausverkauften Stadion, dem größten in den Niederlanden. Mehr als dreiundfünfzigtausend Menschen saßen in der Amsterdam Arena. Und genau an diesem Tag hatte exakt dieselbe Zahl auf meinem Schreibtisch gelegen. Die Anzahl verkaufter Exemplare von *Happinez*. In meiner Fantasie sah ich all die Menschen mit einem Magazin in den Händen, jeder ein Heft. Was für eine Menge!
Es erfüllte mich mit einem kindlichen Glücksgefühl.
Das Wachstum ging immer weiter, der Zähler ratterte weiter. Achtzig-, neunzigtausend und, tatsächlich, hunderttausend waren erreicht.
Wir standen, so zeigte sich später, erst bei der Hälfte.
Wir konzipierten und produzierten Zeitschriften, Sonderhefte, Geschenkbücher, kleine und große … auf verschiedene Weise konnten wir den Inhalt weiterverwerten. Oder anders herausbringen: Musik, Bilder, Seminare, Workshops, Reisen … Wir versuchten alles. Nicht alles war – glücklicherweise – gleich erfolgreich.
»Schreib *Happinez* darauf, dann verkauft es sich schon«, sagte der Handel. Aber so einfach war das nicht. Ohne Sorgfalt oder ohne die richtige Einstellung wurde das nichts. Wir widmeten uns dieser Aufgabe voll und ganz, zu hundert Prozent. Sonst funktionierte es nicht.
Jede Idee brachte uns neue Menschen ein, die dafür zuständig waren. Die Marketingabteilung wurde größer, der Verkauf ausgeweitet, die Redaktion um Mitarbeiter erweitert …

117

Was für ein Unternehmen! Was für ein Erfolg. Wir gewannen Preise, wurden ständig in Artikeln über persönliche Entwicklung und die aufkommende Spiritualität genannt. Alles wurde größer, mehr und schöner.

Und der Druck nahm zu …

PLING

Fünf Jahre nach dem Start. Ich bin im Auto unterwegs zur Redaktion. Noch eine Ampel und dann nach rechts in die alte Festung. Genau an dieser Stelle – so etwas vergisst man nicht – fühlte ich, was ich damals spürte, als mir *Seasons* aus den Händen glitt. Es war schwächer verglichen mit damals. Es war nur ein leises Signal, eine Erinnerung. Wie beim Computer. »Pling, vergiss den Termin nicht.« Es war ein leichter Druck auf der Brust, durch den ich anders atmete. Ich musste tief einatmen, als brauchte ich hin und wieder besonders viel Sauerstoff. Mein Körper wollte mir etwas sagen: Vergiss deine Abmachung nicht. Die mit dir selbst. Du schreibst über innere Ruhe, Ausgewogenheit, innere Kraft … stimmt das eigentlich noch? Bist du dir selbst treu? Wie sieht die andere Seite des Erfolgs aus?
Das kommt mir bekannt vor, dachte ich, das kenne ich. Meine Erfahrungen bei der Zeitung, mit *Seasons*, mit dem Verlag, daraus habe ich doch etwas gelernt.
In meinem Kopf brach sich ein radikaler Gedanke Bahn: Vielleicht musste ich wieder weiter. Vielleicht habe ich meinen Teil getan, und das Unternehmen kommt nun in eine Phase, die ich weniger gut beherrsche. Meine kindliche Seele ist nicht geschaffen für die Arbeitslast und die Verantwortung. Ich muss zurück zu dem Raum, in dem Ideen leicht entstehen und Form annehmen. Zurück zum Nichts, zu Stille und meiner ursprünglichen Mission: schreiben und recherchieren.
Noch am selben Abend rief ich meinen Geschäftspartner und die Finanzberater an, und gemeinsam kamen wir zu dem einen Satz.

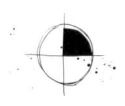

Ich dachte, er existiere überhaupt nicht oder würde niemals ausgesprochen. »Wir verkaufen *Happinez*.«

Ein Kind wird groß. Verlässt das Elternhaus, um auf eigenen Füßen zu stehen. So fühlte sich das an. Mein geistiges Kind verließ das Haus, zog in die große Stadt. Die wilde Jugend, das Launische, Experimentelle war vorbei. Das war nicht mehr notwendig. Nun konnte es stabil und gut aufgestellt weitergehen. Die Käufer waren wie glückliche Eltern. Sie hatten große Pläne und wollten *Happinez* auf den internationalen Zeitschriftenmarkt bringen. Auch ihre Träume sind wahr geworden. Deutschland, Frankreich, England, USA … *Happinez* bekam große Flügel.
Und ich faltete meine Seele zu einem Schiffchen und hisste die Segel. Der Wind würde mich schon irgendwohin treiben.

Kultur
gemeinsame Verantwortung
NACHHALTIGKEIT
HUMANIZE
Ideale Gruppen
mit der Natur
zusammenarbeiten
KOLLEKTIV

Auf dem Weg zum Wir,

das neue Denken und Teilen

HUMANIZE
DAS RINGEN
DIE SUCHE

(AUF DEM WEG ZUM WIR, DAS NEUE DENKEN UND TEILEN)

Innere Nadelstiche, irgendwo in meiner Körpermitte, diese

Beschreibung trifft das Gefühl am besten, wenn mein Körper

mir ein Zeichen gibt. Es zeigt mir an, dass ich mit dem, was ich

gerade sehe oder lese, etwas tun muss. Es dauert nicht lange,

wie ein kurzes, subtiles Alarmzeichen.

Das System funktioniert nicht immer, aber wenn es sich bemerkbar macht, höre ich hin. So habe ich schon viele Entscheidungen gefällt. Oder eigentlich ist es andersherum: Das System funktioniert immer, aber manchmal ist die mentale Ablenkung so groß, dass ich nichts spüre, dann höre ich nicht hin. Aber diesmal schon. Der sanfte Alarm ging in einem entspannten Moment los. Ich las auf dem Sofa einen englischen Artikel, und plötzlich war da dieses Wort: Humanize. Es stand da einfach als Verb.
Was ist das? Was bedeutet es? Was soll ich damit anfangen?
Hu.man.ize. Im Online Wörterbuch Leo (Englisch-Deutsch) heißt es: menschlich machen, vermenschlichen, gesittet machen, humanisieren, etwas eine persönliche Note geben.
Das ist genau das Wort, das ich suchte.
So also entsteht eine Idee: ein Geistesblitz – auf dem Sofa – genau wie die vorigen Male mit *Seasons* und *Happinez*. Erst wuselt ein ganzer Schwarm von Ideen um mich herum, und dann wird es konkret, ein Wort oder ein Gedanke kristallisiert sich heraus. Wie bei einer Befruchtung, so funktioniert es. Die Idee nistet sich in meine Gedanken ein wie ein Baby in die Gebärmutter. Dann kommt der Moment, da es in die Welt hinaus will …

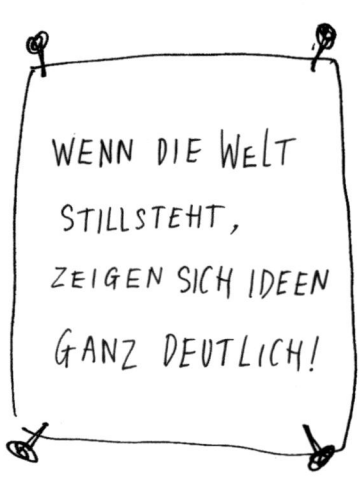

WENN DIE WELT
STILLSTEHT,
ZEIGEN SICH IDEEN
GANZ DEUTLICH!

TATEN

Nach *Happinez* war ich bereit, einen Schritt weiterzugehen. Wie konnte man die innere Weisheit in Taten umsetzen? Wie kann ich *Happinez* gewissermaßen Hände und Füße geben? Wie kann ein Gefühl zum Tätigkeitswort werden?

Letztlich sind wir in einer anderen Zeit gelandet. Der Zeit von Worten und Taten. Dieses freundliche Wort rief sofort zu Aktivität auf. Los geht's, gehen wir es an: Let's humanize!

Der Verkauf von *Happinez* war gerade abgeschlossen. Ich war frei. Keine Menschen mehr um mich herum, kein Stress, keine Verpflichtungen. Ich lernte wieder Atem zu holen. Ausatmen. Genau in dem Moment, es war Frühling, schlug die Humanize-Idee ein. Als hätte sie lachend vor der Tür meines Herzens gestanden. Und gleichzeitig fühlte es sich an, als packte jemand mich bei den Schultern, ein bisschen zu nahe am Hals, und schüttelte mich.

»Jetzt bist du wieder an der Reihe.«

Das Humanize-Gen leuchtete vielleicht kurz auf, aber die Flamme war klein. Ich musste nur die imaginären Türen zuschlagen, um es zu ersticken.

»Lass mich in Ruhe.«

Ein Jahr ging ins Land, die Humanize-Idee klopfte immer wieder an. Manchmal machte ich die Tür weit auf, manchmal aber nur einen Spalt. War es vielleicht noch nicht an der Zeit, um damit zu beginnen? Wie war das möglich, dass mein innerer Kompass nicht mehr funktionierte? War ich vom Weg abgekommen? Ich wusste es nicht. Warum kommt eine Idee nicht zustande? Das war die große Frage, die mich beschäftigte.

Stimmt es, dass eine Idee ein Momentum hat? Eine Jetzt-oder-nie-Qualität? Darf eine Idee zunächst in der Schublade verschwinden? Habe ich vielleicht diesen »Fötus« in meinem Geist einfrieren lassen, und nun ist die Haltbarkeit abgelaufen? Aber wenn dem so wäre, wie ist es dann möglich, dass gesunde Kinder aus gefrorenen Eizellen geboren werden? Meine Gedanken spielten verrückt,

Traum

Es ist früh am Morgen, der Himmel rot und die Sonne voller Abenteuerlust. Ich hatte einen seltsamen Traum. Ich war in einer Landschaft, wie bei Ankeveen oder Vreeland, mit viel Reet und Wasser, und an einem Steg lagen mehrere Boote. Ich stieg in ein Ruderboot und wollte ein Kätzchen retten. Wir glitten davon – ich konnte nichts tun, denn ich hatte das Tier in meinen Händen – und wir trieben im Wasser. Der Wind drängte mich zu einem anderen Steg, dort halfen mir Menschen, die ich von früher kannte, ein alter Freund war dabei. Als wir dann an Land waren, sahen wir nach unten – er und ich, ich weiß nicht, warum – und uns fielen beiden die Zähne aus dem Mund. Nicht die Schneidezähne, sondern die Eck- und Backenzähne. Ich hob sie vom Boden auf und konnte es nicht verstehen.

Denk nach, sagte ich zu meinem halbwachen Bewusstsein. Zähne stehen für Kraft – sich in etwas hineinbeißen – und nun schwindet dir die Kraft, die Kontrolle vielleicht? Habe ich also zu wenig Power oder bedeutet es, ich sollte nicht auf Kraft, sondern auf Sanftheit setzen? Habe ich Angst, meine alte Energie, meine Art zu verlieren? Kinder verlieren ihre Zähne und kommen in eine neue Lebensphase...
Liegt darin die Symbolik?

ich brauchte Halt. Vielleicht musste ich den Namen eintragen lassen, etwas festlegen, sodass *Humanize* einen Anker bekam.

»Hallo Kasper, Inez hier. Ich habe wieder eine Idee.«

Der Mann vom Markenamt reagierte enthusiastisch. »Was wird es denn diesmal?«

Erneut kommt das Wort über meine Lippen und tritt in die Welt: »Humanize!«

»Ich fürchte, das wird ziemlich schwierig werden, die Marke Humanize einzutragen. Sie müssen etwas Eigenes daraus machen, wie damals mit *Happinez*. Wenn Sie Ihren eigenen Namen einbauen, müsste das schon gehen, das war im Rückblick ein richtiger Geniestreich.«

Selbst kommt einem das nicht immer genial vor, aber ich sage: »Ja, ja, ja …«, und füge hinzu, »In Humanize steckt mein Name auch, aber etwas durcheinander, zufällig.«

Und das stimmte auch. Ich habe das Wort nicht gesucht, es ist zu mir gekommen.

Kasper schlägt vor, noch ein wenig nachzudenken. »Machen Sie etwas Eigenes daraus. Denken Sie an Human Eyes oder Huma.nice … Ich empfehle googlen, suchen, experimentieren.« Und wir legen auf.

Ich experimentiere und schreibe. Hmnz? Humanise? Humaniz ohne e. Humnize ohne a, Humanizer.

Am nächsten Tag rufe ich erneut an. »Kasper, das funktioniert nicht. Es muss einfach *Humanize* sein.«

Er hat seine Zweifel, ob es gelingt, den Namen so einzutragen. »Aber Sie bleiben dabei? Dann werde ich es für Sie so für Benelux einreichen. Sie bezahlen einstweilen nur die Hälfte des Preises, denn ich gebe der Sache nur eine geringe Erfolgschance.«

Ich lasse mich darauf ein.

Einige Monate später ruft er mich an. »Ich weiß nicht, wie es bei Ihnen aussieht, aber niemand hatte etwas gegen den Namen *Humanize* einzuwenden. Er ist also ab sofort Ihr Eigentum.«

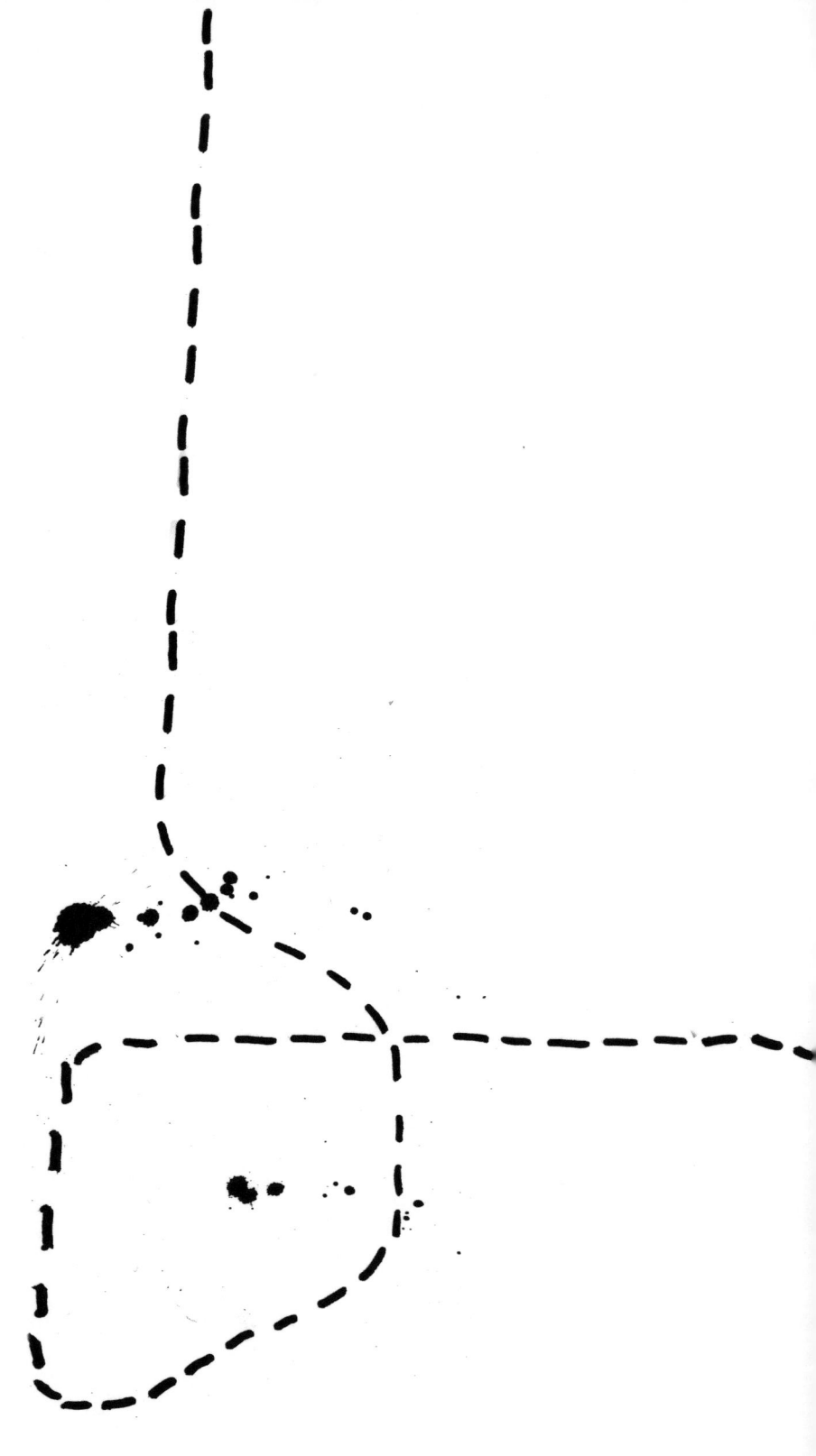

130

Das war genau das, was ich brauchte. Die Bestätigung, dass es gut war. Wie wundervoll, das Wort gehört mir! Die Götter sind aufgewacht und stehen mir bei ... endlich.

Aber ein Mensch denkt genau die Gedanken, die ihm in den Sinn kommen. Die Götter waren schon immer auf meiner Seite. Suchte ich nun Bestätigung von außen?
Was geschieht, wenn eine Idee nicht auf der Straße liegt? Wenn sie nicht in jeder Zelle des eigenen Körpers verankert ist? Das klingt ziemlich übertrieben, aber so war das, als ich mit *Happinez* begann. Damals fühlte ich keine Angst, keinen Zweifel – nicht einen Moment lang.

AUFSCHUB

Ein Jahr später. Ein schönes anderes Projekt bahnt sich an: Ich werde ein Buch über eine faszinierende niederländische Frau schreiben, die Straßenkindern im heiligen Tal der Inka, in Urubamba, Peru, ein neues Zuhause schenkt. Wie wunderbar, plötzlich etwas Konkretes in Händen zu haben, einen Plan, ein Datum und ein festumrissenes Projekt. Das Jahr verfliegt, und 2012 liegt das Buch *Mamita* bereits in den Buchläden.

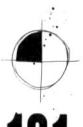

DIE NACHT ALLEIN IM KREIS

Wenn man das Leben einfach laufen lässt, bekommt man nichts zustande. Nicht einfach nur so. Man muss einen Moment der Besinnung schaffen, um zu überlegen, wie es weitergehen soll.
Als ich mit meinem *Humanize*-Projekt feststeckte, schloss ich mich in ein Cottage in England ein – ohne Internet. Wenn die Welt stillsteht, lassen die Ideen ihr Gesicht deutlicher sehen. Außerdem hatte ich in meinen Jahren mit *Happinez* genügend Weise und Seher getroffen, die alle beinahe dasselbe sagten, wenn es um den Umgang mit Zweifeln ging: Suche die Stille, verlasse deine Komfortzone, mache dich leer. Suche Kontakt mit der Stille und stelle deine Fragen.
An wen?
Ich hatte keine Ahnung, aber ich wollte es angehen.
Rein zufällig traf ich in dem englischen Dorf Avebury eine Frau, Kate, die hin und wieder eine *vision quest*, eine Visionssuche, begleitete. Ein alter keltischer Brauch, den es aber auch bei anderen Urvölkern wie Indianern und Aborigines gibt: Man sucht sich ein kleines, verlassenes Stück Land, zieht einen Kreis und
setzt sich hinein. Man stellt seine Frage an den Großen Geist und wartet. Man wartet, bis es Morgen wird. Allein, in der Finsternis, in der Natur, in der Kälte.
Hat das wirklich einen Sinn, könnte man fragen, aber ich muss meine Komfortzone verlassen, sagen die Weisen der Erde, also tue ich das.
Ich gehe der Nacht entgegen.

GROSSER GEIST

Ich soll fünf Stöcke suchen, vier kurze und einen, der gerade so lang ist wie ich.
»Dort, wo du dich hinsetzen wirst, markierst du heute Abend den Norden, den Osten, den Süden und den Westen. So schaffst du deinen eigenen Kreis. Dieser Raum beschützt dich. In die Mitte legst du den langen Stock, direkt vor dich. Suche eine Feder und befestige sie daran. Dieser Stock repräsentiert dich, so weiß der Große Geist, wo du sitzt«, sagt Kate.
Ich finde das durchaus amüsant, ich muss an meinen Vater denken, der sagte: »Gott weiß schon, wo er dich findet, das ist nicht das Problem.

Aber du musst ihn finden.« Als Kind überraschte mich das. Wie konnte das denn jetzt sein? Kann er mich finden, auch wenn ich mich verstecke? Aber der Große Geist, von dem Kate spricht, sieht mich offenbar nicht im Dunkeln und braucht einen Stock, um mich zu finden.

Wir laufen gen Westen. An einem Wald vorbei, das Gelände ist abschüssig. An einer flachen Stelle, auf einer Art Weide, stehen zwei riesige Obelisken nebeneinander, darauf ist als Dach noch ein dritter gelegt worden, ein Tor vielleicht? Wir laufen herum, es sieht sehr robust aus.

Die Sonne scheint uns ins Gesicht, für die Jahreszeit ist es warm. Gräser, wilde Blumen; es summt ein wenig. Und ich denke: Das ist es. Das ist mein Platz. Er ist leer, ich kann alles gut überblicken, und die Kolosse vermitteln mir irgendwie Schutz. Also lasse ich mich in dieser Wildnis nieder. Kate geht wieder, die Sonne färbt sich schnell rot, und ich sitze da. Die Nacht überfällt mich.

Wie viel Angst kann ein Mensch haben, wenn er auf der Erde liegt? So viel, dass er sein Herz schlagen hört, fühlt, wie es gegen den Boden klopft, und man meint, das Herz säße im Rücken oder im Kopf. Kann es sein, dass man schließlich das Gefühl hat, man bestände nur noch aus dem Herz? Mutter, ich habe solche Angst. Schutzlose Angst.

»Ergib dich, ergib dich doch«, sagt der Kopf, aber der Körper macht einfach weiter. Das Einzige, was hilft, ist, die Augen zu schließen. Kurz weg, weg von alldem. Zeit ist genug da. Aber dann kommt der Zwiespalt mit sich selbst … »Du traust dir das nicht zu, oder?«, sagt das Gewissen.

»Doch, doch, gleich.« Ich ziehe mir die Decke über den Kopf und die Plastikplane. Wie ein Kind: Wenn ich euch nicht sehe, seht ihr mich dann? Aber es ist – wahrscheinlich – gar niemand da, der mich beobachtet. Nur meine Angst starrt mich an. Angst, wo bist du? In meinen Ohren, denke ich.

Geraschel, ein Geräusch, was ist das? Ich setze mich auf, suche nach meiner Taschenlampe und bemerke, dass ich selbst das Geräusch mache. Die große Plastikplane raschelt und knistert, das bin ich alles selbst. Hoffnungslos.

Eine Stunde später. Steht dort jemand? Ich sehe etwas im linken Augenwinkel. Einfach geradeaus schauen, aber nein, mein Auge driftet nach links ab. Bewegt es sich? Eine dunkle Gestalt. Oder ein Busch. Ist es einfach nur ein Busch? Warum habe ich die Landschaft nicht in aller Ruhe in mich aufgenommen, ehe ich
mich hierhergesetzt habe? Dann könnte ich es jetzt erkennen … Und warum bewegen sich Bäume und Sträucher mitten in der Nacht? Alles ist so anders im Dunkeln. Alles ist anders. Stille.

Stille um mich herum, doch im Innern dröhnt noch immer der Bass.

ANGSTBILDER

Ich brauche dringend den Salbei. Kate, die Schamanin, hat mir ein Säckchen getrockneten Salbeis mitgegeben und eine große Muschel. Der Rauch von Salbei neutralisiert, der Geruch lässt alle negativen Gefühle verschwinden. Auch in Häusern und neuen Gebäuden wird Salbei zur Reinigung der Luft verwendet, und um alles Alte auszuräumen, erzählte man mir. Hier im Dunkeln ist es eine Art gemütliches Experiment, mein kleiner Freiluftofen – und so habe ich etwas zu tun. Das Hantieren mit den Utensilien, das Feuerzeug, das natürlich immer wieder vom Wind ausgeblasen wird, sind eine willkommene Ablenkung.

Der Salbei ist schon ein wenig feucht geworden, ich muss das Feuerzeug zu lange an das Kraut halten und verbrenne mir die Finger. Aber es raucht. Wie ein Junkie hänge ich mich darüber und atme tief ein. Fein. Einatmen. Ein irrer Geruch, erinnert mich an früher, an Kifferdunst, nur ein wenig anders. Er ist gemütlich, mein rauchender, nur fünf Zentimeter großer Miniofen. *Feels like home now.* Das Zeug zeigt seine Wirkung, ich spüre es. Alle bösen Geister sind vertrieben, und ich traue mich, mit offenen Augen viel entspannter dazusitzen.

In der Ferne erscheint auf einmal hoch am Himmel ein riesiges Licht. Es bewegt sich, ich kann es völlig entspannt betrachten. Angenommen, ein UFO käme mich zu holen, käme ich mit? Ja, ich würde einsteigen. Was ist da los? Das Licht bewegt sich sehr eigenartig, es ist hell, groß, und dann wird es plötzlich wieder dunkel, verschwindet. So geht das hin und her. Ein Stück weiter bricht die Wolkendecke auf, und ich kann die Sterne sehen. Sehr klar und nahe. Das Loch in der Wolkendecke schiebt sich nach links, Richtung Licht, Richtung UFO. Und dann … Oh Gott, plötzlich ist es wieder da, es ist einfach nur die stinknormale Mondsichel! Mutter, hilf mir! Alles ist so anders in der Nacht. Oder sind es meine Gedanken? Sind meine Fantasien zu wild, sodass sie zu Wahnvorstellungen werden? Durch den verrückten Mond breitet sich eine Art Ruhe über mich, ich sehe meine Hirngespinste und kann über sie lachen.

»Singe, wenn du dich traust, auch mitten in der Nacht«, hatte die Schamanin gesagt. »Singe! Deine Stimme vertreibt die bösen Geister.«

Mir wird sofort klar, dass ich diese Geister vor allem selbst erschaffe. Also tue ich es, ich singe. *»In your eyes faint as the singing of a lark, that somehow this black night, feels warmer for the spark, to hold us 'til the day, when fear will lose its grip. And heaven has its way, heaven knows no frontiers and I've seen heaven in your eyes.«*

Einst habe ich Mary Black damit in Carré gehört, und habe es zu Hause so oft gesungen, geübt, weil ich es so schön finde. Aber nie dachte ich, ich würde es nochmals hier in tiefschwarzer Nacht singen. *When fear will lose its grip.*

Ich kann lachen, leise, von innen heraus, über mich selbst. Und ich würde so gerne ein Foto von mir machen, während ich hier so sitze.

Ich nehme meine Kamera, aber meine Arme sind zu kurz, der Blitz macht alles zunichte. Es ist auffallend still um mich herum, viel stiller als noch vor Stunden. Kein Geraschel, kein Umherlaufen, keine Bewegungen, keine Angst.

WILDNIS

»Inez«. Ich höre eine flüsternde Stimme an meinem Ohr: »Inez.« Mit einem Mal setze ich mich auf. Hellwach, aber ohne Angst. Es wirkt wie ein Zeichen. Ich habe diese Stimme schon öfter gehört, nachts zu Hause, aber damals geschah nie etwas. Nun höre ich sie wieder und erlebe sie als eine Verbindung mit etwas oder jemandem. Als rufe man bei jemandem an und der andere sage: »Hallo Inez.« So in der Art. Es fühlt sich an wie ein: »Ich bin da« – wer oder was auch immer – »und ich habe dich gefunden. Wir können also reden.«
Ich gebe mich sehr förmlich. »Großer Geist, ich bin hierhergekommen, um wichtige Fragen zu stellen. Aber jetzt spüre ich, dass die Fragen gar nicht mehr wichtig sind. Das Wichtigste war, dass ich meine Angst überwinden konnte. Nicht, dass ich nie wieder Angst haben werde, aber jetzt gerade ist sie wie weggeblasen. Ich spüre, wie mein Herz offen daliegt, sehr präsent und weich, als wäre es verwundet. Als hätte es blaue Flecken, es fühlt sich verletzlich und offen an.
Großer Geist, hier sitze ich und fühle mich klein, aber seltsamerweise nicht unbedeutend. Manchmal fühlt man sich klein inmitten der Stadt oder unter Leuten, aber hier fühle ich mich genauso wichtig wie alles andere. Ich zähle. Genau wie alles zählt: die Bäume, die Sonne, der Vogel, der mich betrachtet hat, der Bussard am Himmel. Und die Erde, die sich in einem fort bewegt und dreht.
Wovor hatte ich Angst? Was hätte passieren können, und – es ist ja noch Nacht – was kann noch passieren? Fürchte ich mich vor dem Wind, den Tieren, habe ich Angst vor der Erde? Bin ich so verrückt? Ist es schon so weit mit mir gekommen, dass ich mich fürchte, mich auf Mutter Erde zu setzen … und mich von Vater Himmel zudecken zu lassen?
Großer Geist, wir haben die »Wildnis« aus unserem Leben verbannt. Das fühle ich jetzt so deutlich. Kontrolle, Begreifen, Schutz, Sicherheit – all das ist uns lieber als einfach so schutzlos dazusitzen. Wir Menschen haben alles durchorganisiert, wir haben Mauern errichtet und uns Worte zu unserer Sicherheit überlegt. Aber fühlen wir uns

wirklich sicher? Betrug ist allgegenwärtig: in Beziehungen, in der Welt der Informationen, im Ernährungsbereich, der Finanzwelt, in den Konzernen, auf der Straße ... Während ich hier so im Dunkeln sitze, wird mir alles klar. Wir hatten Angst – wie ich vor der Dunkelheit – und haben herrschend und kontrollierend selbst eine geistige Wildnis geschaffen. Aber auch wenn ich hier alleine auf dem Boden sitze, fühle ich mich sicher. Ich habe nichts Besonderes dafür getan. Habe nicht auf einem Teppich gebetet, bin nicht im Lotossitz gesessen, ich habe nicht mehr in mich hineingespürt als andere, ich habe einfach nur dagesessen ...«

Als Siegerin komme ich zurück. Strahlend gehe ich durch den Flur des alten Cottages, an den Drucken vorbei, die an der Wand hängen. Und plötzlich fällt mein Blick auf einen uralten Druck. Mein Platz. Die Steine in einer verlassenen Landschaft ... Ich bin überwältigt! All die Tage bin ich daran vorbeigegangen, ohne das Bild zu bemerken. Und dann erst lese ich, was darunter steht: *Devil's Den. This place is spooky*. Ich weiß. Der Teufel kann da ruhig hausen, aber der Große Geist ist ebenfalls dort! Die Frage ist nur, von wem man gefunden werden möchte. Oder besser gesagt: Wen willst du finden?

HAUCHE DEINER IDEE LEBEN EIN.

FORM

Zurück in Amsterdam sind das schöne Worte. Himmel und Erde, was sagen uns diese Bezugsgrößen noch? Wir haben uns gelinde gesagt derart verlaufen, dass wir eine neue Gebrauchsanweisung brauchen. Einfach eine Erklärung zu wer, was, wo. Der Welt.
Und ich brachte es alles zu Papier:
»*Humanize* ist auf der Suche nach Geschichten. Geschichten, die über eine neue Art des Zusammenlebens erzählen, darüber, wie man gemeinsam Antworten in einer veränderten Zeit findet. Weil wir in eine Zukunft gehen, in der das Kleine und Menschliche wieder zählt, in der ökonomisches Wachstum nicht selbstverständlich oder seligmachend ist. Nehmen wir Abschied vom Überfluss und gehen zurück zur Quelle? Oder wollen wir unserem bisherigen, freilich einseitigen Lebensstil neue Werte hinzufügen? *Humanize* ist neugierig auf unseren neuen Kompass.«
Doch in welcher Form das geschehen sollte, das sah ich noch nicht vor mir. Ich sah weder das Logo noch die Schrift oder Fotos vor mir …

VERSTAND

Es war so unwahrscheinlich. Wie kommt es, dass Ideen umherschwirren, die sich einfach nicht in eine Form bringen lassen? Diese Idee ließ sich nicht fassen, nicht von mir, nicht von Designern. Es war ein eigenartiger, mir völlig neuer Prozess, der mich argwöhnisch machte. Irgendetwas stimmte nicht. Und dann, ich kann es erst jetzt im Rückblick so sehen und beschreiben, übernahm der Verstand das Ruder.
Du hast doch Erfahrung mit so etwas?
Du kannst doch ein Magazin machen?
Du weißt doch, wie man so etwas anpackt?
Zweimal hattest du schon Erfolg, dann wird es das dritte Mal doch auch klappen …
Diese Stimmen hörten nicht auf. Den ganzen Tag nicht und das nicht nur in meinem Kopf.

»Wer, wenn nicht du sollte das schaffen?«, sagten die Menschen in meinem Umfeld. Und ich dachte: Ja, klar, stimmt, es wird schon werden. Ich sprach mir selbst Mut zu: »Vertraue dir, vertraue auf dich!« Wie ein Mantra. Aber um ehrlich zu sein: Solche Texte sind unsinnig und überflüssig. Vertrauen ist entweder da oder eben nicht.

Mein Geist kam mit einer zündenden Idee daher. Menschen! Dir fehlen Menschen. Dieses Konzept geht nicht mehr um mich, um das Individuum, sondern um uns, um etwas Gemeinsames, um eine neue Denkart, Teilen und Zusammenarbeiten. Die Gruppe soll also die Idee gestalten, ihr Inhalt geben. Weg mit der Hierarchie, wir bilden einfach einen Kreis, wie bei der Zusammenkunft von indigenen Völkern. Wir fangen einfach an, uns als Gruppe zu beraten.

IRGENDETWAS STIMMT NICHT

In dem Moment brach die alte Ökonomie donnernd herein: Verträge, Arbeitsverhältnisse, ein Geschäftsauto, Urlaubsgeld, acht Stunden Arbeitszeit am Tag, Essensgutscheine …

Das Unternehmen ließ sich nicht in Bewegung bringen. So viele Hürden. Nichts ging von alleine. Und zur Krönung bekam ich einen Brief von einem Anwalt, und wir wurden mehr oder weniger freundlich aus unseren angemieteten Geschäftsräumen geworfen. Wie Moses in der Wüste fühlte ich mich. Was nun? Wo sollte ich nun hin mit diesen Menschen? In welche Richtung, in welches Büro?

Am Wochenende wurde die innere Stimme lauter. Irgendetwas stimmt nicht, das Konzept stimmt nicht. Wenn niemand den Kurs kennt, ist das Schiff steuerlos. Wir lassen uns von allen Winden treiben. Wieder ein Kreis: Wir drehen uns im Kreis, und nichts kommt zustande. Ein Kreis ohne Kern kann nicht wachsen. Von innen muss es kommen. Aus der Mitte. Das »Wir« bedeutet nichts, wenn es kein »Ich« gibt.

Der Stecker wurde gezogen.

Die zwei großen Kräfte, Himmel und Erde,
sagen uns nichts mehr. Aber, dass sie da sind,
spürte ich dort sehr deutlich, einsam und in der Dunkelheit. Und wieder stieg die Frage in mir auf: Gibt es mehr
zwischen Himmel und Erde? Wie logisch kann die Antwort
sein? Natürlich gibt es mehr ... Nämlich uns! Menschen mit
Händen und Füßen. Wir bewegen uns zwischen Himmel und
Erde. Die Nacht wurde auf diesen einen Satz reduziert. Gibt
es mehr zwischen Himmel und Erde? Ja, nämlich uns. Reprä-
sentanten sind wir, von oben und von unten. Humans.
Los geht's, Let's Humanize.

Von *Humanize* blieb nicht viel mehr übrig als ein einziger human. Wie kommt es, dass eine Idee einfach nicht abheben will? Dass *Humanize* nicht abheben wollte?

Wenn ich darüber nachdenke, prasseln die Gründe nur so auf mich ein. Alles war anders, ich war anders nach dem Erfolg von *Happinez*, die Menschen reagierten anders auf mich, es waren andere Zeiten, die Krise machte alles anders … Und vielleicht war die Form, die Ausführung nicht anders genug, zu viel alte Schule? Man muss nicht an Götter glauben, aber an Enthusiasmus, Energie, das Funkeln von Menschen und von Gedanken, daran soll man schon glauben … Und genau das fehlte. Na ja, so hin und wieder war es schon da, aber der Plan blieb zu vage. Ich blieb vage.

An keiner Stelle verlief der Prozess einfach. Als würden die dort oben – sollte es sie geben und sollten sie zudem eine Glocke haben – klingeln: »Huhu, hast du es jetzt begriffen? Verstehst du es jetzt? Du bist auf dem Holzweg!« Das klingt jetzt netter als es damals war. Es war eine traurige Zeit, ein Abschied von einer ungeborenen Idee. Es ist nicht nur für mich selbst verwirrend gewesen, sondern auch für die Freelancer und die Gruppe von festen Mitarbeitern. Für sie war es auch eine neue Chance, die ein abruptes Ende fand.

Eine Idee kann in eine Sackgasse führen, das Risiko besteht, an das möchte niemand denken. Den Erfolg will jeder teilen, finanzielle Verluste jedoch nicht.

Das Aufhören war schmerzhaft, und zugleich fiel mir eine Last von den Schultern. Was sollte ich damit anfangen? Was sollte ich aus dieser Lektion mitnehmen? Die Einsicht dämmerte mir nach Wochen. Ich musste zurück an den Start. Ganz einfach. Denn nach einer Periode von extremem Wachstum folgt eine Periode der Ernüchterung. Also ging ich zurück zum Anfang, zur Basis.

Wie schön es doch gehen kann, die Essenz dieser Idee musste ich erst einmal selbst spüren und erleben. Entscheide dich für kleinere

Brötchen. Ein einziger Mensch, dein liebster Freund. Wenn eine einzige Schachfigur nach vorne geschoben wird, kommt alles in Bewegung. Wenn ein einziger Mensch seine Richtung ändert, kommt ebenso Bewegung auf.

Aber dann musst du erst wissen, woher du kommst ...
und wo du stehst.

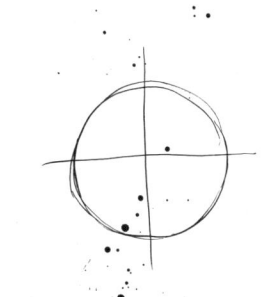

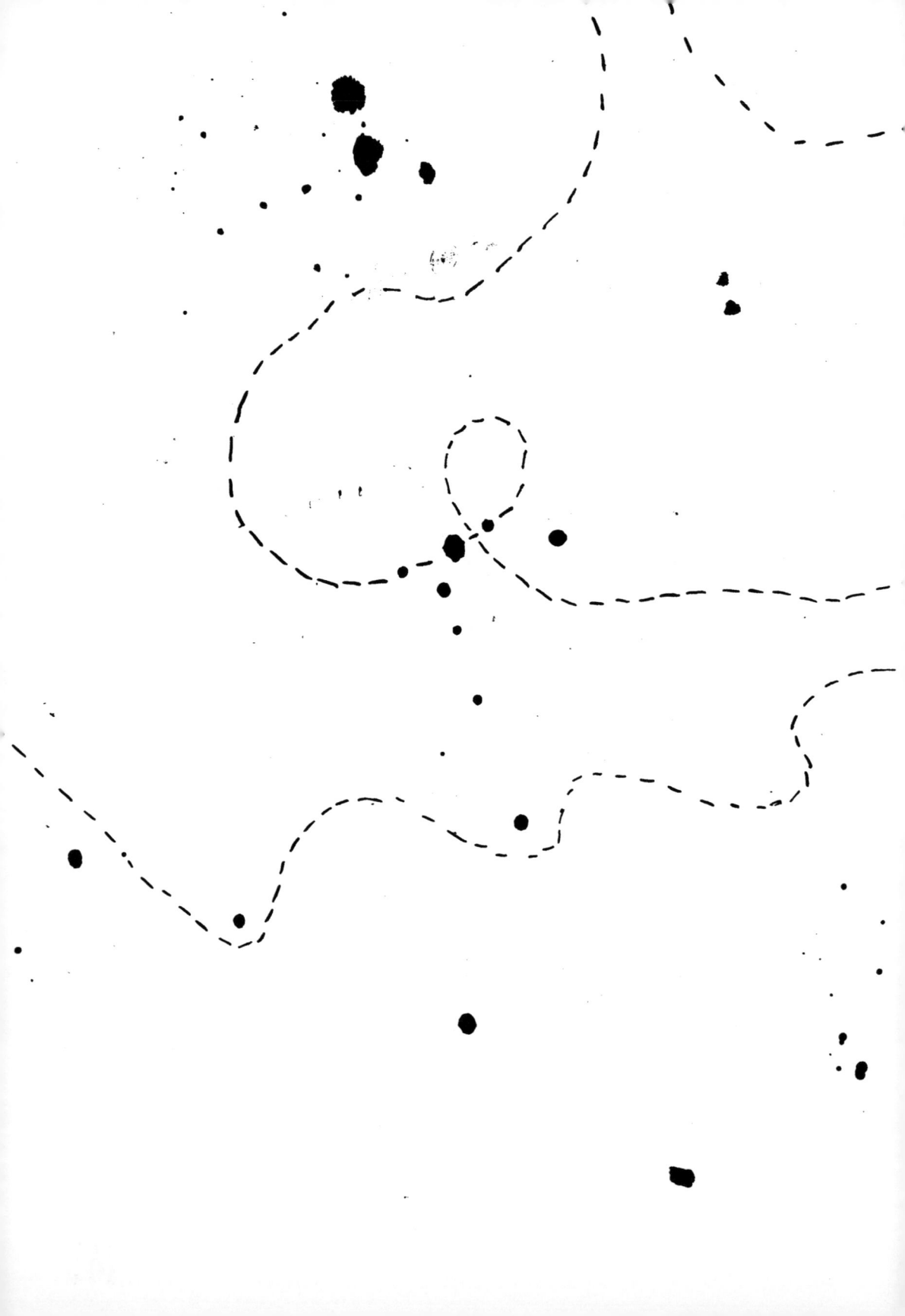

DER WEG ZU EINEM PERSÖNLICHEN KOMPASS

Wenn das Leben ein Kreis ist, wo stehst du dann? Nun, da ich die vier Segmente durchlaufen habe, gibt es keinen anderen Weg mehr als den zur Mitte. Aber wer sagt mir, wie ich dahin komme? Wer kennt die richtigen Koordinaten? Wenn du einen neuen Weg einschlagen willst, musst du erst wissen, woher du kommst. Woher wir kommen. Ein Treffen mit Professor Klaas von Egmond machte mir einiges klar. Er deutet unsere Geschichte anhand von Kreisen! Was spielt sich in meiner Welt ab? Was in deiner? Und wie machen wir aus einem Kreis einen Kompass?

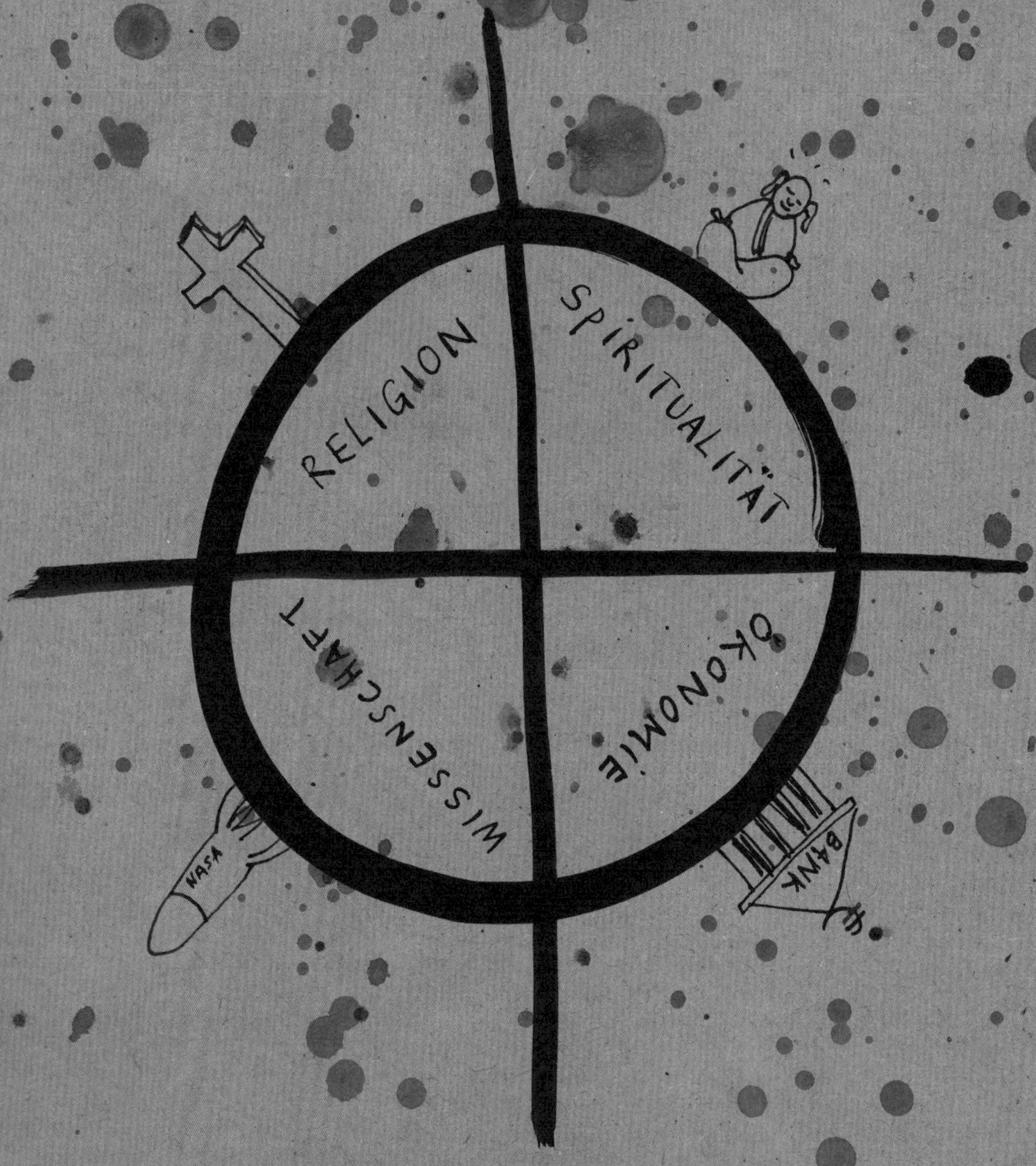
RELIGION
SPIRITUALITÄT
WISSENSCHAFT
ÖKONOMIE
NASA
BANK

LERNE DEINE GESCHICHTE KENNEN

(WENN DU WISSEN WILLST, WO DU STEHST)

Wenn du wissen willst, wo du stehst – so lernte ich es bei den Maori in Neuseeland –, dann musst du dir erst einmal deine eigene Geschichte ansehen. Die Maori gehen davon aus, dass sie vor dir liegt. Die Zukunft, die noch unsichtbar ist, liegt hingegen hinter dir. Was du siehst, ist das Ergebnis deiner eigenen persönlichen Geschichte und der Geschichte der Welt, in der du lebst. Wo stehen wir in der westlichen Hemisphäre? Wie sieht unser Menschenbild aus?

DER PROFESSOR

Es klingt vielleicht zu schön, um wahr zu sein, aber in einem mystischen Kornkreis in Wiltshire höre ich zum ersten Mal von dem Hochschullehrer Klaas van Egmond. Er untersucht Kreise, genau wie ich. Er beschäftigt sich nicht nur mit Kornkreisen, sondern er betrachtet vor allem den Kreis als Modell zur Deutung eines einfachen Menschenbildes. Genau das habe ich gesucht! Ich treffe ihn in seinem Büro an der Universität von Utrecht.
Van Egmond und sein Team untersuchen schon seit Jahren die Hintergründe von Umweltkrisen. Zunächst ging es vornehmlich um die Problematik der Nachhaltigkeit, doch je mehr in dieser Richtung geforscht wurde, desto deutlicher wurde, dass Nachhaltigkeit nicht einfach eine technische oder wissenschaftliche Angelegenheit ist, die geniale Lösungen für Umweltprobleme bietet. Bei dem Thema Nachhaltigkeit geht es auch um allgemeine Denkmuster, um Fragen der Ethik. Welche Werte bilden unsere Handlungsgrundlage? Das ist die zentrale Frage. Am Anfang steht also

EINSEITIGKEIT IST Unser GRÖßTER FEIND

die Frage nach der inneren Nachhaltigkeit. Aber was ist das eigentlich?

»Ein allumfassendes Weltbild gibt es eigentlich nicht mehr, jeder betrachtet, untersucht und kennt nur einen Teil eines Bildes und einer Wahrheit. Das spiegelt sich in allem wider, beispielsweise in den Religionen. Die großen, monotheistischen Weltreligionen halten ihre ›Wahrheit‹ schriftlich fest, man lebt also nach der Bibel, dem Koran oder einem anderen spirituellen oder heiligen Buch, aber jedes davon ist immer nur ein Teil der Wahrheit. Auch in der Wissenschaft streben wir eher nach neuen Erkenntnissen aus Teilgebieten, als dass wir das große Gesamtbild zu verstehen suchen. In der Finanzwelt verhält es sich ebenso.

Wir denken ›mikroskopisch‹ und halten das, was wir sehen, für unsere makroskopische Wirklichkeit. Die Folge ist, dass wir uns als Gesellschaft nicht mehr davon erholen. Wir sehen die wahren Werte nicht mehr.«

Klaas nimmt einen Zettel, zeichnet einen Kreis und fängt an zu schreiben und zu kritzeln. Mein Seminar hat begonnen.

KARIKATUR

»Einige Jahrhunderte Zivilisation liegen schon hinter uns, aber noch immer hapert es an einer mehr oder weniger allgemeinen Sicht auf das Wesen des Menschen.

Schauen Sie mal, was wir alles erreicht haben in dieser kleinen und vollen Welt: stetes Bevölkerungswachstum, zunehmender Verbrauch von Ressourcen, steigender Energieverbrauch, Ausbeutung der Bodenschätze, Verlust von Wildnisgebieten und Natur, Klimawandel und Finanz- und Wirtschaftskrisen. Das geht alles auf unsere Kappe. Und natürlich bleibt es nicht dabei.

Wir können uns einfach nicht darüber einigen, was für den Menschen wirklich wichtig ist. Uns fehlt die gemeinsame Vision, und so gewinnen einseitige Kräfte die Oberhand, und die Gesellschaft wird zur Karikatur ihrer selbst.«

Das bedarf einer ausführlicheren Erklärung. Der Professor zeichne-

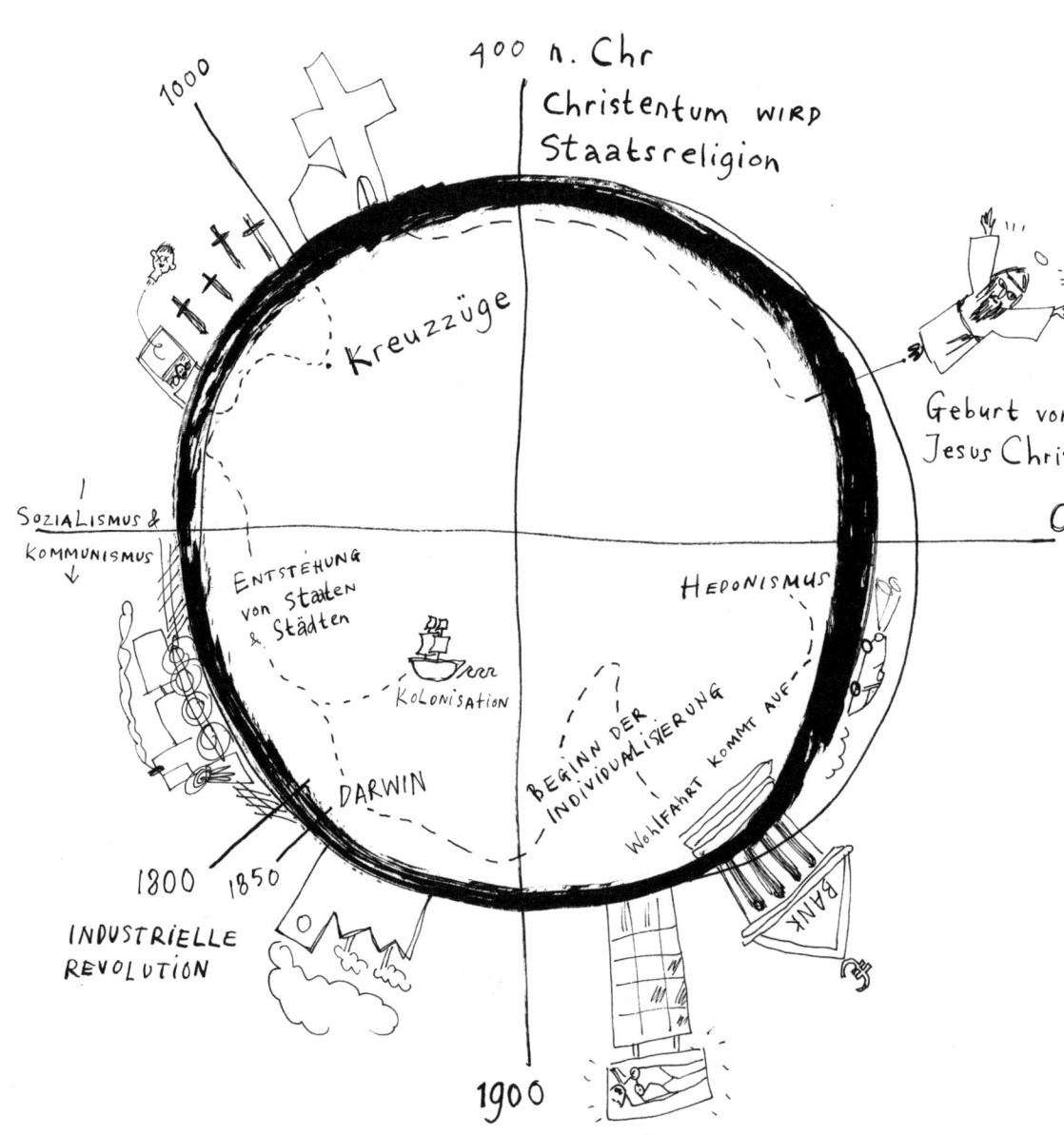

te und erläuterte weiter. »Wenn Sie zu den Idealen schauen, die oben im Kreis liegen, und das Kollektive links davon anordnen, dann ist klar, dass die Religionen in den Quadranten links oben gehören. Spiritualität ist individuell, gehört demnach in den Quadranten rechts oben. Aber sobald Abmachungen – also Regeln oder Gesetze – darüber getroffen werden und eine Ordnung entsteht, dann beruft man sich auf die jeweilige Religion. Man sieht auch, was geschieht, wenn die Religion zu einseitig, also fundamentalistisch wird: Dann fliegt man aus dem Kreis. Es ist eine Art Kinderspiel. Ein Wert, ein Menschenbild ist eine bestimmte Zeit tonangebend in der Gesellschaft, aber nach einigen Jahrzehnten brauchen wir wieder etwas Neues. Das ›veraltete‹ Menschenbild genügt nicht mehr. Es wird extremer, läuft aus dem Ruder oder, wie wir hier sehen, fliegt aus dem Kreis. Es kommt zu einem Krieg oder einer Katastrophe, und wir gehen zur nächsten Runde über. Denn ›die Welt dreht sich weiter‹, nicht wahr?«

Wir gleiten von einem Quadranten zum anderen. Wiederholen sich die Spielzüge? Wiederholt sich unsere Geschichte?
»Ja, genau. Alles wiederholt sich, alles wird von Aktion und Reaktion bestimmt. Wir sitzen alle in einem Boot, hängen nach einiger Zeit viel zu sehr nach links, kentern beinahe und rutschen schnell zur anderen Seite, alle nach rechts. Es ist höchste Zeit, dass wir als Gesellschaft diesen Schlingerkurs beenden und ganz bewusst einen Kurs austüfteln.«

UNIFORMITÄT

Fotos und Schemata kommen zum Vorschein. Wir beginnen rechts oben, und Klaas wiederholt noch einmal: Dieser Quadrant ist die Welt der persönlichen Ideale, der Kunst, der Spiritualität – aber auch der Vielfalt.
»Die ersten vierhundert Jahre nach Beginn unserer Zeitrechnung, also nach Christus, war der Einfluss der östlichen Philosophie noch stark im Christentum sichtbar. Im Vordergrund stand das individu-

elle Erleben. Diese neue Strömung stützte sich auf die wesentlich ältere Gnosis, das Wissen aus dem Inneren. Erkenntnis gewinnt man aus der Intuition. Es ging um individuelles Erleben, um die Toleranz von Diversität. Das junge Christentum ist also im Quadranten rechts oben angesiedelt.

Je mehr Menschen sich inspirieren lassen, desto größer wird die Uniformität. So war es auch beim Christentum. Das Geistliche wurde vereinheitlicht. Ab dem Jahr 400 übernimmt Kaiser Konstantin das christliche Gedankengut, und das Christentum wird institutionalisiert. Damit rutscht es hinüber in den Quadranten links oben. Ab diesem Zeitpunkt hat die Kirche in Rom die Deutungshoheit für das religiöse Leben übernommen und in Dogmen gegossen. Die Vielfalt des Glaubens wurde zur einer universellen Wahrheit.

Die Zeit verstrich, die Entwicklung lief weiter, und die ganze Sache wurde immer extremer. Bis zu dem Punkt, an dem es keinen Platz mehr für Andersdenkende gab. Weil aus der Sicht der Christen nur eine Wahrheit existierte, wurden diese verfolgt – ermordet, enthauptet, zum Schweigen gebracht. Jahrhunderte lang ging das so. Das meine ich mit einer Karikatur.«

Mittlerweile befinden wir uns bereits außerhalb des Kreises …

»Ein Trend nahm damals seinen Anfang: In der Gesellschaft galt zunehmend nur noch eine Wahrheit. Die Verschiebung vom Individuum zum Kollektiv zeigte sich neben der Entstehung von Dogmen in der Kirche auch bei der Bildung von Staaten. Dazu gehörte beispielsweise auch die Sorge füreinander. So konnten Sozialismus und Kommunismus entstehen. Und wie das so geht, wurden auch diese Wahrheiten wieder überzeichnet: Durch die zunehmende Bürokratisierung entstand eine erstickende Uniformität. Wiederum ein Beispiel für eine Karikatur.«

NEUE VERBINDUNGEN

Die Bleistiftspitze zeigt mittlerweile auf den Quadranten links unten. Was zuvor der Institution Kirche zugeschrieben wurde, galt

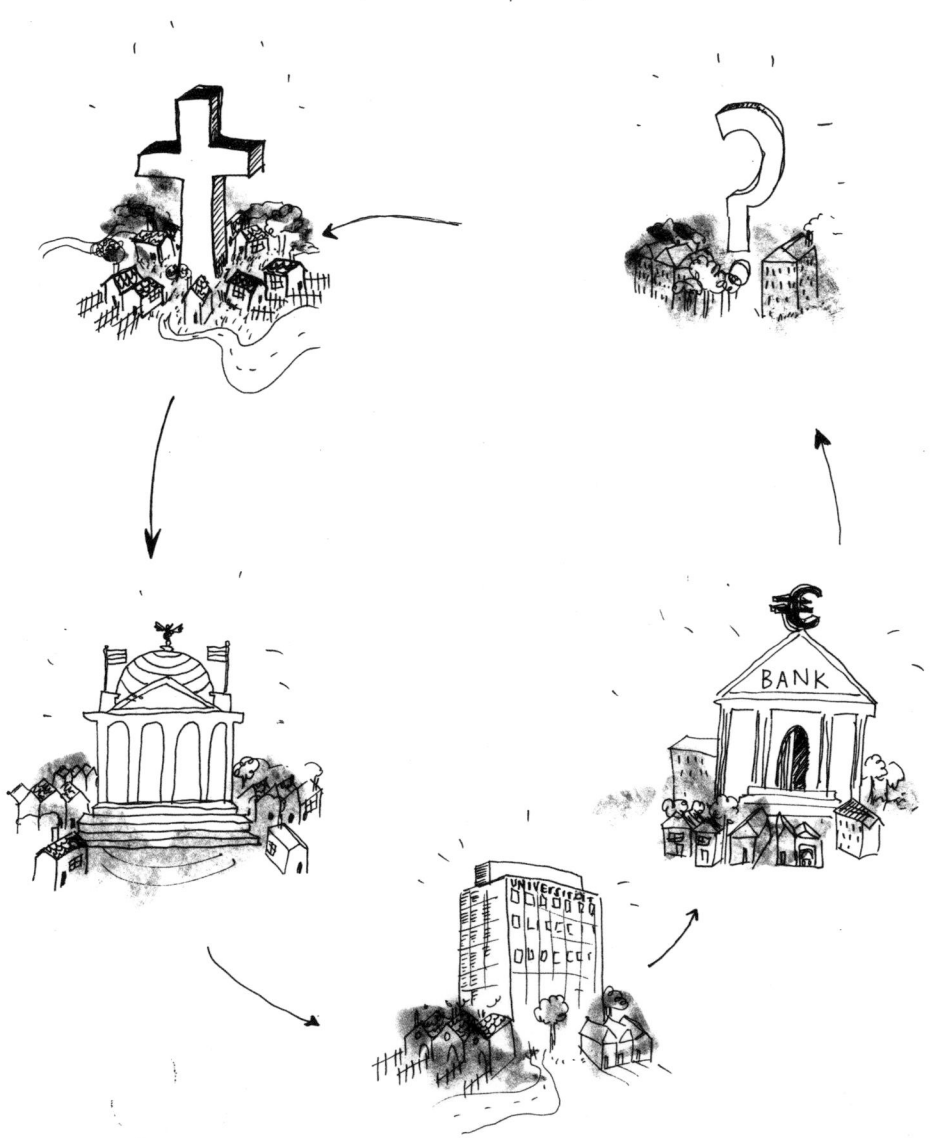

Man braucht sich nur anzusehen, wie sich im Laufe der Zeit verändert hat,
was im Zentrum einer Stadt steht, um Rückschlüsse auf das im Lauf der
Geschichte jeweils vorherrschende Weltbild ihrer Bewohner zu ziehen.
Was steht heute im Zentrum eines Dorfs oder einer Stadt? Die Bank.
Und in Zukunft? Könnte es da der Mensch sein?

nun für die institutionalisierte Wissenschaft. Die in Gilden organisierten Handwerker und die Mönche der Ordensgemeinschaften gingen fortan getrennte Wege. Die Verbindung zwischen dem geistlichen Leben und der wissenschaftlichen Forschung war gekappt, und eine neue Koppelung bahnte sich an: die von Wissenschaft und Wirtschaft.

Ein schönes Beispiel des Übergangs von oben nach unten im Kreis lässt sich anhand der Französischen Revolution zeigen. Der König – von Gott eingesetzt – trat ab, die Monarchie wurde zugunsten einer Republik abgeschafft. Die Ausrichtung der Gesellschaft verschob sich also von einer religiösen hin zu einer eher materialistischen.

Durch den enormen Fortschritt im Bereich der technischen Entwicklungen konnten nun die Meere überquert und die Welt kolonisiert werden. Die Natur war nicht länger ein mystischer Partner, die Verzauberung schwand, und die Natur sollte nun vor allem dem Nutzen des Menschen dienen. Der technische Fortschritt lässt die Wirtschaftsunternehmen erstarken, der Staat hat immer weniger zu sagen, und die Macht des lediglich auf den eigenen Vorteil ausgerichteten wirtschaftlichen Handelns nimmt zu. Man kann schon ahnen, in welche Richtung sich das entwickeln wird.

»Die historische Entwicklung, die ich skizziert habe, lässt sich am Stadtbild ablesen«, fährt der Professor fort. »Man muss sich nur ansehen, was im Zentrum einer Stadt steht, um danach auf das vorherrschende Weltbild zu schließen.

Früher stand die Kirche in der Ortsmitte, beinahe jeder größeren Ansiedlung ging der Bau einer Kirche voran, die übrigen Gebäude wurden darum herum gebaut. Später stellte man die Regierungsgebäude in das Zentrum. Je größer die Autorität der Wissenschaft wurde, desto mehr rückten die Universitäten in die Mitte der Städte. Inzwischen befinden sich Universitäten und Regierungsgebäude eher am Stadtrand. Im Herzen der Stadt stehen nun die Banken, Ikonen des dominanten Segments.«

Was wird also die nächste Ikone sein? Könnte das der Mensch sein?

TRENDWATCHER

Diese Geschichte faszinierte mich. Die Art, wie Klaas van Egmond die Geschichte vereinfacht erklärte, wirkte so einleuchtend. Ein ursprünglich guter Gedanke, ein schönes Ideal wird allmählich zu einem Dogma, zu einem sperrigen Ding, mit dem man nicht mehr umgehen kann. Und dann sind wir reif für die nächste Runde. Von der Diversität zur Uniformität, von Gott zum Staat und über die Wissenschaft und Technik landen wir bei der heutigen zentralen Größe unseres Weltbildes: dem Geld. Zwischen Materie und dem Ego/Ich, rechts unten im Kreis.

Der Professor ist ein Trendwatcher geworden. Was können wir auf Basis unserer Geschichte erwarten? Stehen wir nun am selben Punkt wie zu Beginn unserer Zeitrechnung?

Brauchen wir einen neuen Glauben, oder müssen wir erst noch wie einst die Römer in Dekadenz versinken?

»Der Quadrant rechts unten ist unsere heutige Welt. Geld verdienen, dem Körper huldigen – all das gehört dazu. Die Menschheit kümmert sich primär um sich selbst, das Materielle und das ›Ich‹. Einseitig. Wir brauchen eine Neubewertung der oberen Kreishälfte, der Kunst, der Kultur und der Ideale. Das Gleichgewicht muss wiederhergestellt, die Verbindungslinien zwischen Wissenschaft und Spiritualität, Idealen und Materiellem neu geknüpft werden. Die extreme Ausprägung unserer Ökonomie muss beendet werden! Unser einseitiges Menschenbild drängt uns nach außen, wo – was uns die Geschichte lehrt – Barbarei auf uns wartet. Wollen wir zu einer langwährenden Zivilisation und einer nachhaltigen Gesellschaft gelangen, müssen wir uns bewusstmachen, dass sich nicht alles ums Geld dreht. Diese Idee ist nur ein Teil des Ganzen.«

Der Professor fährt fort: »Wir befinden uns rechts unten im Kreis, und bei diesem Kreismodell bewegen wir uns von alleine in

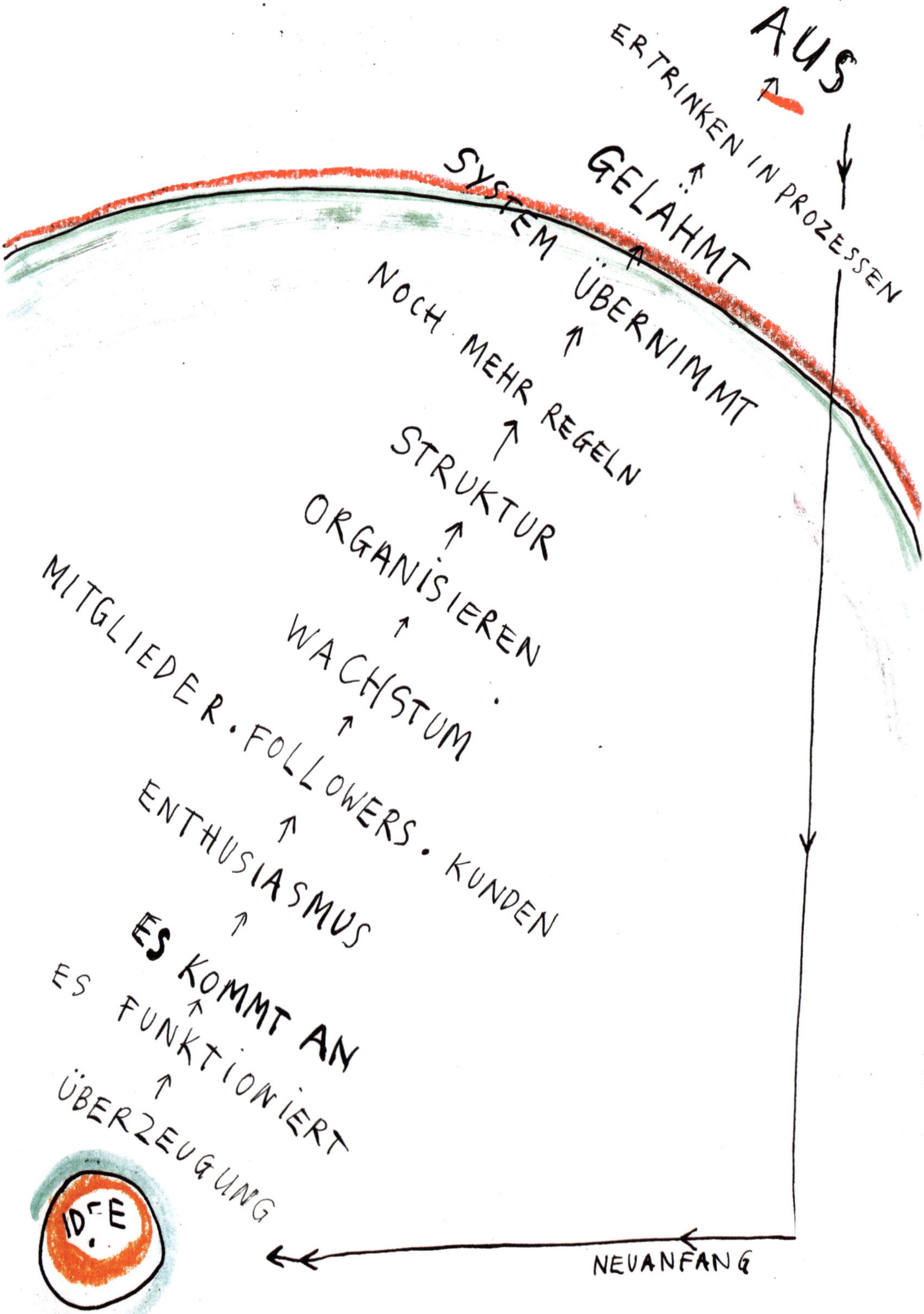

AUS

ERTRINKEN IN PROZESSEN

GELÄHMT

SYSTEM ÜBERNIMMT

NOCH MEHR REGELN

STRUKTUR

ORGANISIEREN

WACHSTUM

MITGLIEDER · FOLLOWERS · KUNDEN

ENTHUSIASMUS

ES KOMMT AN

ES FUNKTIONIERT

ÜBERZEUGUNG

IDEE

NEUANFANG

Richtung rechts oben. Die Warnzeichen dafür gibt es natürlich schon lange. Die Menschen haben genug von großen Institutionen wie der Religion (links oben), auf den Staat sind wir nicht mehr so stolz (links), Wissenschaft und Technologie stehen nicht mehr im Dienst des Lebens (links unten), und große Banken sind nur auf ihr eigenes Wohl bedacht (rechts unten). Wir bewegen uns also allmählich zu dem Segment rechts oben, das ist der Trend. Die Menschen wollen sich selbst um ihre Nahrung und Energie kümmern, sie wenden sich ab von der großen, globalisierten Welt. Eine romantische Idee.

Sie denken vielleicht: Das ist ja eine wunderbare Entwicklung, aber auch diese Entscheidung fußt nur auf einem Segment des Kreises. Ist lediglich eine Reaktion auf die vorherige Entscheidung, aber die Probleme unserer Welt lösen wir so nicht.«

GEGENÜBER

»Jedes Segment wirft seinen Schatten auf die gegenüberliegende Seite: Wenn die Welt ohne Ideale einsam ist (rechts unten), dann wird der Quadrant links oben eine Option, eine Lösung. Dort befindet sich der Glaube: im Kollektiv, im gemeinsamen Weg. Je extremer die Auswüchse rechts unten sind, desto extremer ist auch der Schatten, den sie werfen. Mit dem westlichen Menschenbild extrem unglücklich zu sein, bedeutet eine extreme Flucht in das gegenüberliegende Feld. So lässt sich erklären, warum junge Menschen sich für den Fundamentalismus entscheiden. Dort finden sie noch ›neue Ideale‹, etwas wie ›wir setzen uns gemeinsam für eine bessere Welt ein‹ …

In unserer Geschichte kann man diese Bewegungen andauernd beobachten, auch in die entgegengesetzte Richtung. So siedeln wir beispielsweise extrem gläubige Menschen, die nur in Gott einen Partner sahen, im Quadrant links oben an. Die Kirche legte die Regeln fest – das Zölibat ist ein gutes Beispiel dafür – durch die Menschen, gewissermaßen Diener, letztlich aus dem Kreis gedrängt werden. Aus dem Leben …

Und was geschah? Heimlich sprangen sie auf die diametral gegenüberliegende Seite, das Segment der Form, des Körpers, der Sexualität. Je weiter links oben, desto weiter rechts unten. Die Schattenseite des Zölibats ist der sexuelle Missbrauch kleiner Jungen und Mädchen, Respektlosigkeit. So kann man das sehen. Was für eine Geschichte …«

IM KARUSSELL?

Wir geraten von einem Teil des Kreises zum nächsten, als natürliche Reaktion des einen auf das andere. Wir sitzen im Karussell der Geschichte. Wie Kinder? Können wir selbst gar nichts tun? Wenn wir nun wissen, wo wir stehen, ist es dann möglich, uns selbst bewusst für eine Richtung zu entscheiden?

In diesem Zusammenhang fällt mir eine Lesung von Professor Dennis Meadows wieder ein. Er vergleicht unsere westliche Zivilisation mit einem Teenager: Er ist ausgewachsen. Von einem Kind erwartet man schließlich auch nicht, dass es immer weiterwächst. Körperliches Wachstum ist begrenzt. Danach zählt der innere Reifeprozess, das setzt eine ganz andere Entwicklung voraus. Wir als Gesellschaft sind ausgewachsen. Man könnte sagen: Es wird Zeit, dass wir erwachsen werden.

Die amerikanische Philosophin Susan Neiman beschreibt in ihrem Buch *Warum erwachsen werden? Eine philosophische Ermutigung*, die weitverbreitete Ablehnung gegen das Erwachsenwerden. Es sei schwierig mit der unüberbrückbaren Kluft zwischen Sein und Sollen umzugehen. In kindliches Verhalten zu verfallen und andere – Kirche, Politik oder jemanden anders – für sich denken zu lassen, sei verlockend. Das jedoch sei eine Absage an das Erwachsenwerden. Sie beklagt, dass wir in einer Gesellschaft von Heranwachsenden leben.
Der Konsum steht ihrer Meinung nach im Zentrum unserer Kultur, das Alter bis sechsundzwanzig wird als die beste Zeit des Lebens

glorifiziert und das Älterwerden als bedauernswerter Vorgang aufgefasst.

Sind wir denn alle Pubertierende? Könnte schon sein. War der primitive Mensch dann ein Kindergartenkind? Kindergartenkinder nehmen sich gegenseitig die Spielsachen weg und schlagen sich bei Meinungsverschiedenheiten den Schädel ein. Danach wurden wir wissbegierig und entdeckten die Welt wie Schulkinder. Wir gingen auf Entdeckungsreise, bauten, entwickelten Neues, die Industrien entstanden. Und nun macht unsere Kultur die Pubertät durch, mit allem, was dazugehört: Ich-Bezogenheit, Egoismus und Drama.

Ob der Vergleich wirklich so stimmt, weiß ich nicht, aber die Sache mit der Pubertät ist ein interessanter Ausgangspunkt. Denn was bedeutet es, »erwachsen« zu sein? Dass man niemandem die Schuld in die Schuhe schiebt und nicht wie ein Kind flennt, wenn etwas schiefgegangen ist. Dass man Verantwortung für seine Handlungen übernimmt, das heißt erwachsen werden.

Susan Neiman argumentiert mit ihrem großen Vorbild, dem Philosophen Kant, es sei faul und feige, unmündig zu bleiben, und es erfordere Mut, erwachsen zu werden.

Wenn unsere Gesellschaft den Mut aufbringt und sich ihre Mitglieder nicht länger wie Pubertierende verhalten, sind wir bereit für den nächsten Schritt. Nach dem extrem ausgeprägten Egoismus machen wir uns auf in die weite Welt – erwachsen, verantwortungsbewusst und forschend.

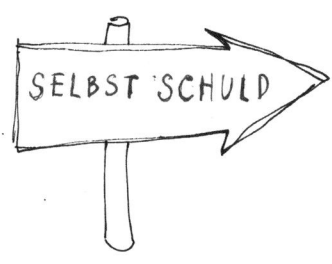

WAS MÖCHTEST DU VERÄNDERN?

(ANALYSIERE DEIN LEBEN)

UNZUFRIEDENHEIT

IST immer

der Beginn

VON

Veränderung

Die Geschichte des Professors, die Menschenbilder, die kommen und gehen wie Ideen ... Das ist die Geschichte meines Lebens! Von einem Quadranten geriet ich in den nächsten. Als mein Unternehmen wuchs, rutschte ich allmählich nach außen, entfernte mich immer weiter von der ursprünglichen Idee, meine Rolle änderte sich, ich gelangte über den Rand des Kreises hinaus, um außer Atem wieder zur Mitte zurückzukehren. Nächste Runde. Nächstes Segment. Glückwunsch zu dieser Erkenntnis. Jeder Platz im Kreis ist zeitlich begrenzt, bald schon gelangen wir wieder zu einem anderen Teil des Kreises. Wenn wir das in den Griff bekommen wollen, müssen wir selbst die Richtung bestimmen. Aber wie?

Wie kommen wir von unten nach oben, von links nach rechts, zur Totalität des Lebens im Kreis? Wie schaffen wir den Übergang? Welche Methoden gibt es?
Es wirkt bisweilen, als habe unsere Gesellschaft die Spielregeln verloren, nach denen gespielt wird. Als seien wir gerade erst auf der Erde gelandet, und niemand wisse, wie man hier zu leben habe. Wir suchen irgendeine Gebrauchsanweisung, denn die vorliegende ist unvollständig. Unterdessen tut jeder, was ihm in den Sinn kommt, schnappt sich, was greifbar ist. Mit allen nachteili-

gen Folgen für unsere Erde, unsere Gesundheit und unser Glück. Es ist, als hätten wir – jeder für sich, jedes Individuum – den Kontakt zu dem verloren, was wir wichtig und sinnvoll finden.

Das habe ich selbst – auch wenn mir der Prozess durchaus bewusst war – einige Male mitgemacht. Als ein wichtiger Teil meiner selbst die Verbindung zu meiner Arbeit, einer Liebesbeziehung oder den vorgenommenen Aufgaben verloren hatte, fühlte ich mich orientierungslos und entfremdet. Verloren. Das war der Beginn jeder Krise. Verbindung ist das Wichtigste im Leben. Es ist schon verrückt, dass wir selbst häufig Verbindungen aufgrund von Stress und Zeitmangel kappen. Das Engagement schwindet. Das ist genau der Moment, in dem sich eine innere Leere ausbreitet. Unzufriedenheit ist immer der Beginn von Veränderung. Das ist der Moment, um eine Verbindung herzustellen mit dem, was wichtig und sinnvoll ist im Leben. Doch wie geht das?
Ich habe ein sehr einfaches System, das mir hilft herauszufinden, wo ich stehe, damit ich bestimmen kann, was ich wichtig finde, und in welche Richtung ich gehen will:
Ich werde zum Leuchtturm.

DREHLICHT

Mein Leben begann zu Füßen des Leuchtturms von Haamstede auf einer Halbinsel in Zeeland. Der Lichtstrahl des Leuchtturms fiel in mein Zimmer und tastete jede Nacht suchend die Wand ab. Ich mag dieses Bild: In meinem Leben gab es ein Licht in der Mitte, wie ein Anker. Nicht ständig, aber verlässlich, ein Drehlicht im 15-Sekunden-Takt.
So betrachte ich meine Leben gerne, vor allem, wenn ich etwas verändern möchte. In einem Kreis von 360 Grad strahle ich mit einem Licht alles an, was ich sehe, in der Gesellschaft, bei meiner Arbeit und in meinem Privatleben. Ich scanne meine Umgebung und schreibe alles auf, was in meinen Blick kommt, so entsteht eine Wolke von Worten. Diese Worte geben mir eine neue Richtung.

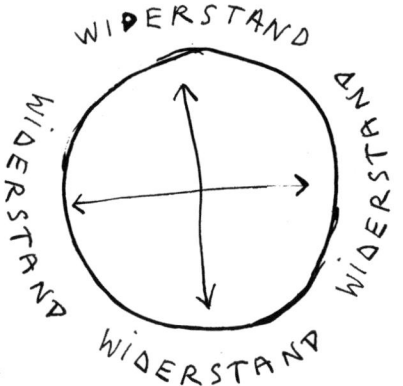

Das ist ein Beispiel aus meinem eigenen Leben, es ist die Liste, aus der ich später das Unternehmen *Happinez* entwickelte. Was ich in dem Moment sah und fühlte war Folgendes:

Leere.

Einsamkeit

Misstrauen

Stillstand   Erschöpfung

Traurigkeit   Materialismus

übertriebene Auswahlmöglichkeiten

Oberflächlichkeit   Abhängigkeit

Der eine Gott

Tunnelblick   Wirtschaftswachstum

Status

Keine Verbindung

Lärm

Wir konzentrieren uns gerne auf das Eine. So funktioniert unser Denken: Es gibt Gut oder Böse, Schwarz oder Weiß.
Doch in einem Kreis geht es immer um das Ganze. Die Pole des Kreises machen – wie auf unserem Planeten – den Kreis zu einem Ganzen. Diese Erkenntnis hilft!
In der Praxis ist es trotzdem noch häufig mühsam. Weil wir so auf das Eine fokussiert sind, was auch immer das sein mag. Das eigene Leben, die Liebe, die Wahrheit. Darum habe ich eine Liste von Gegensatzpaaren erstellt:

DU brauchst DICH
GAR NICHT MIT einer
SITUATION
zufriedenzugeben,
DIE DIR NICHT
GEFÄLLT

Einsamkeit	Gemeinschaft
Abhängigkeit	Unabhängigkeit von außen
Misstrauen	Vertrauen
Erschöpfung	Vitalität
Leere	Erfüllung
Oberflächlichkeit	Weisheit
Materialismus	Fokus auf Spiritualität
Verbindungslosigkeit	Verbindung
Habsucht	Geben
Der eine Gott	Offenheit für Spiritualität
Wirtschaftswachstum	Persönlichkeitsbildung
Status	Sein
Tunnelblick	die Totale
Lärm	Stille
Stillstand	Wachsen
übertriebene Auswahlmöglichkeiten	Richtung
Traurigkeit	Glück

Diese Liste gab mir die Richtung vor, die ich suchte. Schließlich braucht man sich nicht mit Situationen abzufinden, die einem nicht gefallen. Das ist gerade das Schöne am Menschsein, finde ich: Wir sind kein System, das sich in sich selbst »aufhängt«, wie ein Computer sich aufhängen kann. Unsere Wirklichkeit ist nicht so fix, wie wir das manchmal annehmen.

DER BEGINN EINES PERSÖNLICHEN KOMPASSES

Wer sich selbst ein klares Bild darüber machen will, wo er steht und was er in dieser Situation tun oder verändern will, der teste ruhig einmal das einfache System des Leuchtturms. Man sollte sich die Zeit nehmen und einen Schritt nach hinten machen, dann kann man beleuchten, was im eigenen Leben geschieht. Was siehst du?

TABLET.

TABLETTEN

TABLETTEN

Ein paar Samstage die Zeitung lesen und ausschneiden, was einen besonders berührt, inspiriert oder frustriert, ist eine andere Möglichkeit, um einen persönlichen Kompass zu beginnen.

Ein beliebiger Samstag lieferte beispielsweise Folgendes:

Die Berichte über den Gesundheitszustand unserer Gesellschaft sind deprimierend. *Immer mehr Menschen sind aus psychischen Gründen nicht mehr in der Lage zu arbeiten. Eine Million Menschen in den Niederlanden nehmen Antidepressiva. Wir brauchen Tabletten, um durchzuhalten. Übrigens gehören dazu nicht nur die Menschen, die hinten herunterfallen, sondern es sind gerade auch die erfolgreichen Menschen, die Tabletten schlucken, um erfolgreich zu bleiben. Dann heißen sie Drogen.*

Ein anderer Bericht: *Wir fördern Erdgas und denken nicht über die Folgen nach. Die Erde verschafft sich Gehör und bebt, landwirtschaftliche Betriebe brechen im Elend zusammen.* Und ich denke, während ich das lese: Es zählt nur noch einzig und allein die Wirtschaft, sie ist unsere Philosophie. Aber wem gehören die Bodenschätze unserer Erde eigentlich?

Unsere Gesellschaft steht immer mehr unter Druck. Wir wollen uns nicht von der Konkurrenz abhängen lassen, wir arbeiten immer länger, härter und effizienter. Den Menschen geht die Flexibilität und die Kraft aus, um mit der beschleunigten Gesellschaft Schritt zu halten. Kann man unseren Betrieben noch trauen? Sind es Orte zum Lernen und Wachsen? Oder ist der Mensch nur noch eine ökonomische Größe, wie ein Computer? Ist der Mensch zu einem Laptop verkommen, den man an- und ausschalten kann? Alles Menschliche aus unserem Leben radiert?

Ein beliebiger Tag, beliebige Zeitungen. Viele Berichte handeln davon, dass etwas außer Kontrolle gerät. Eine Idee, ein Unterneh-

Wir konzentrieren uns gerne auf das Eine.
So funktioniert unser Denken: Es gibt Gut oder Böse,
Schwarz oder Weiß.
Doch in einem Kreis geht es immer um das Ganze.
Die Pole des Kreises machen — wie auf unserem Planeten —
den Kreis zu einem Ganzen. Diese Erkenntnis hilft.

men, eine Bewegung oder ein Staat. Menschen, Freunde, Kollegen entfremden sich voneinander und von den Systemen, die wir uns selbst ausgedacht haben. Das sieht man an den Universitäten, im Ernährungssektor, im Gesundheitswesen und im Energiesektor … Es geht immer nur um einen einzigen (veralteten) Wert: wirtschaftliche Rentabilität. Und die Folge davon? Einseitigkeit.

WAS WILLST DU VERÄNDERN?

Das Licht meines imaginären Leuchtturms, das mein Lebensumfeld abtastet, verfährt ähnlich wie ein Journalist: Sammle Fakten, Gedanken, Zeitungsausschnitte, Internetberichte und Geschichten aus deiner direkten Umgebung. Was fängst du auf? Worüber sprechen die Leute?
Finde für diese Geschichten dann Schlüsselwörter. Was missfällt dir? Was soll sich ändern?
Folgende Schlüsselwörter sind für mich gerade von Belang:

Individuum

Geld

Denken   Begrenzung

Macht

Verschwendung   Ausbeutung der Natur

Geheimnisse
Konkurrenz   allein
Angst

Globalisierung   Gewinnen

Sinnlosigkeit   Groß
Zeitmangel

Aggression   Ausbeutung

System
Teil   Urteilen

Misstrauen

Hierarchie

SUCHE DIR EINEN WERT AUS.

Suche dir einen Wert aus.
Und sei ein Leuchtturm, der
mit seinem Licht die Welt
beleuchtet.

DER KREIS

ALS KOMPASS

GEIST   HIMMEL
andere

Ih
Ego

?

KÖRPER / ERDE

€

materie

DAS MATERIELLE
die
Wissenschaft

$E = MC^2$

Bleib dir
selbst treu

Wenn wir den Lichtstrahl des Leuchtturms
sich drehen und scheinen lassen, sehen wir mehr
als nur unsere eigene Überzeugung.

Die Wortwolke links erhält ein Gegenstück, denn das Eine kann nicht ohne das Andere sein.
Die vollständige Liste sieht also so aus:

Teil	Ganzes
System	Mensch
Hierarchie	geteilte Verantwortung
gewinnen	teilhaben
Urteilen	Fragen stellen
Ausbeutung der Natur	Kooperation mit der Natur
Denken	Bewusstsein
Macht	persönliche Stärke
Geld	menschliches Kapital
Begrenzung	Platz
Geheimnisse	Offenheit
Individuum	eine neue Familie
allein	Verbindung
Konkurrenz	Kooperation
groß	klein
Sinnlosigkeit	Sinn
Misstrauen	Vertrauen
Zeitmangel	Aufmerksamkeit
Angst	Sicherheit
Aggression	Empathie
kontrollieren	stimulieren

Auf der linken Seite der Liste steht (verallgemeinert) ein Teil der Wahrheit. Die rechte Seite macht ein Ganzes daraus, eine Liste, wie die Welt auch ist oder sein könnte. Dieses Ganze kann die Basis für einen neuen Kompass sein, um einem neuen Unternehmen, einer neuen Organisation oder dem eigenen Leben eine Richtung zu geben.

WÄHLE DEINE WERTE

(ALS ANTRIEB FÜR DEINEN KOMPASS)

Aufgewecktheit Unabhängigkeit Enthusiasmus

KREATIVITÄT Tatkraft WÜRDE

RESPEKT

FOLGSAMKEIT FRIEDE Sanftheit VERBINDUNG

Sicherheit HILFSBEREITSCHAFT Engagement Empathie

GASTFREUNDSCHAFT MUT

Optimismus POSITIVITÄT HOFFNUNG Harmonie

GESUNDHEIT Güte SPORTLICHKEIT

LOYALITÄT Schönheit VERANTWORTUNGS-

Gleichheit

BEWUSSTSEIN

Freiheit ERNEUERUNG HINGABE Sicherheit

SELBSTÄNDIGKEIT Unternehmergeist

STRUKTUR Stärke KAMERADSCHAFT

Freundlichkeit Solidarität VERWUNDERUNG RUHE

OFFENHEIT Toleranz GETRIEBENHEIT

WOHLFAHRT Ehrlichkeit Dankbarkeit ZUVORKOMMENHEIT

INTEGRITÄT WEISHEIT Gerechtigkeit KOOPERATION

Aufrichtigkeit Vergebungsbereitschaft SELBSTBEWUSSTSEIN

Klarheit VERLÄSSLICHKEIT HILFSBEREITSCHAFT FACHKOMPETENZ

professionalität

Nachdem du nun deinen persönlichen Kompass mit den Wörtern, die deine Welt beschreiben, und ihrem jeweiligen Gegenstück gestaltet hast, gilt es im nächsten Schritt, deine eigenen Werte zu bestimmen. Ausgehend von deinen Werten kannst du letztlich furchtlos deinen eigenen Weg wählen.

TRIEBFEDERN

Warum tun wir, was wir tun? Damit meine ich nicht, dass ich dies tue, um Geld zu verdienen oder arbeite, um meine Rechnungen zu bezahlen. Ich meine vielmehr: Was ist unsere innere Triebfeder? Woher kommt die Motivation dafür, so zu handeln, wie wir handeln? Dieses Thema ist offenbar in unserer oberflächlichen Zeit in Vergessenheit geraten, aber gibt es noch so etwas wie einen moralischen Kompass? Wer gibt uns neue Grundprinzipien, neue Werte vor? Der Glaube? Die Technik? Die Finanzwelt? Weder noch – und die Politik erst recht nicht. Selbst wenn Politiker dazu etwas beitragen würden, wäre es doch nur ein Teil des Ganzen. Wer also gibt uns eine Richtung? Wer erstellt einen moralischen Kompass?
Es ist (glücklicherweise) nur eine einzige Antwort denkbar: Wir selbst. Das müssen wir persönlich übernehmen. Und das gilt auch für die Verbreitung dieser Werte. Nicht irgendeine Autorität, sondern wir selbst können als verantwortungsbewusste Erwachsene unseren Werten wieder eine Form geben. Wir selbst schaffen ein neues Wertesystem.

BESTANDSAUFNAHME

Dafür müssen wir zunächst unsere Hausaufgaben erledigen. Bevor wir alles über Bord werfen, sollten wir uns gut ansehen, was unsere Vergangenheit bereits alles Wertvolles zu bieten hat.

Aufgewecktheit

Aufrichtigkeit

Begeisterung

Bestimmtheit

Dankbarkeit

Deutlichkeit

Ehrlichkeit

Empathie.

Engagement

Enthusiasmus

Erneuerung

Fachkenntnis

Freiheit

Freundlichkeit

Friede.

Gastfreundschaft

Gehorsam

Gerechtigkeit

Gesundheit

Gleichheit

Glück

Güte.

Harmonie.

Hilfsbereit-
schaft

Hingabe.

Hoffnung

Höflichkeit

Integrität

Klarheit

Kooperation

Kreativität

Loyalität

Mut

Offenheit

Optimismus

Positivität

Professionalität

Respekt

Ruhe.

Sanftmut

Schönheit

Selbstständig-
keit

Selbstbewusst-
sein

Sicherheit

Solidarität

Sportlichkeit

Stärke.

Struktur.

Tatkraft

Toleranz

Unabhängigkeit

Unternehmergeist

Verantwortungs-
bewusstsein

Verbindung

Verlässlichkeit

Versöhnlichkeit

Verwunderung

Weisheit

Wohlfahrt

Wohltätigkeit

Würde.

Zuvorkommenheit

Eine Bestandsaufnahme zeigt, dass im Christentum die Liebe – die Nächstenliebe – das Wertvollste war. In der jüdischen Thora geht es vor allem um die Gerechtigkeit und im Koran um die Hingabe. Die Aufklärung brachte uns Werte wie die Freiheit und die Gleichheit. Vom Sozialismus lernten wir Respekt. Durch den Humanismus gelangten wir zurück zu einem Bewusstsein, dass wir für uns und andere verantwortlich sind.

Den Philosophen haben wir Werte wie das Gute zu verdanken. Immanuel Kant, der Philosoph der Aufklärung, entschied sich ganz bewusst für diesen Wert. Und was genau ist »das Gute«? Laut Kant müssen wir uns immer die Würde des Menschen bewahren. Was ist denn mit dieser Würde gemeint? Ganz einfach: Würdest du dir wünschen, dass jeder in einer bestimmten Situation so handelt, wie du es tust? Wenn deine Antwort »ja« lautet, so fragt Kant weiter, ob deine Handlungsweise die Basis für ein allgemeines, für alle geltendes Gesetz sein kann. Ein guter Gedanke.

Werte haben mit unserem Handeln zu tun, mit unserem Verhalten. Sie beschränken sich nicht nur darauf, wie man über etwas denkt, sondern sie beziehen sich vor allem darauf, wie man etwas tut und warum man es tut.

Schließlich gibt es noch eine wichtige Quelle, aus der wir schöpfen können, um unser neues Wertesystem zu schaffen: die Familie und unsere Freunde. Natürlich habe ich die Frage in meinem direkten Umkreis gestellt.

Welche Werte findest du wichtig?

In meinem Fall bekam ich folgende Stichwörter zur Antwort:

Taste dich wie das Licht eines Leuchtturms langsam voran: Schaue sorgsam, denke, fühle und höre genau hin. Stelle dir dabei das Licht einer Taschenlampe vor, die genau das tut. Ihr Licht ist – nun, da es persönlicher wird – kleiner und somit sorgsamer. Sammle alles, was in deinem Leben wichtig war. Richte den Lichtstrahl auf deine eigene Geschichte, Begegnungen und Erinnerungen, und

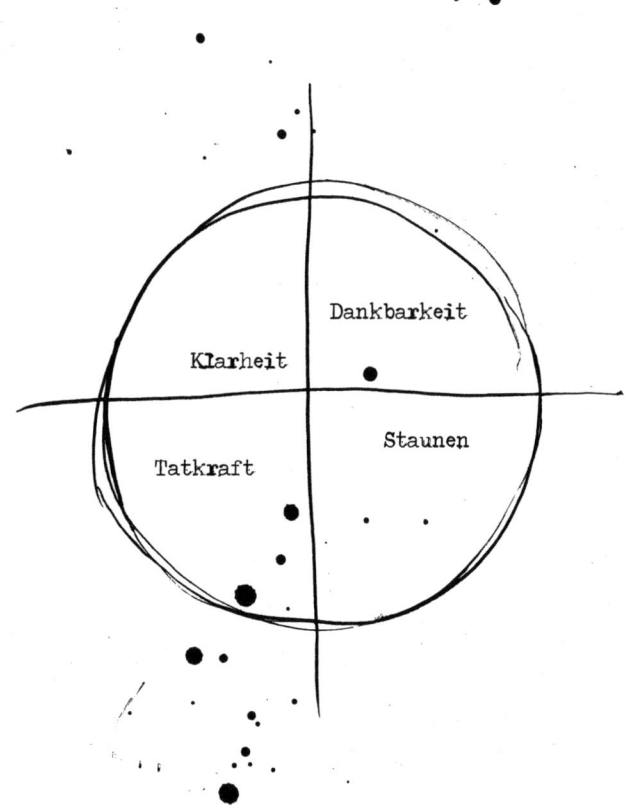

Dankbarkeit

Klarheit

Staunen

Tatkraft

Ich betrachte meine Werte als einen inneren Kompass und frage mich: Stimmt meine Richtung noch? Bringe ich diese Ausgangspunkte – Klarheit, Dankbarkeit, Tatkraft, Staunen – in meinem Tun und Handeln zum Ausdruck? Bin ich noch richtig? Oder muss ich meinen Kurs korrigieren? So funktioniert dieses System. Es ist nicht gebrauchsfertig in dem Sinne, dass es klare Anweisungen zu dem gibt, was man tun und lassen soll. Vielmehr ist es eine dauerhafte Aufgabe, sich immer wieder selbst auf Kurs zu bringen und zu halten. Nicht nach außen hin, wie die Zeiger eines Kompasses einen gen Norden oder Süden schicken. Hier ist es umgekehrt. Die Richtung weist immer nach innen. Wie bei einem unsichtbaren, wertvollen, stillen Kompass.

lasse so dein Licht auf die stille Antriebsquelle, deinen Motor hinter deinem Handeln scheinen. Dann wird es persönlich. Ein persönlicher Kompass ist eine nachhaltige Triebfeder. Welche Begriffe haben wir als stillen Motor in unserem Leben erfahren? Wenn wir diese in das Zentrum unseres Kreises schreiben, vervollständigen wir das Bild.

Natürlich, alle Wörter auf der Liste sind schön und wichtig, aber es ist vorteilhaft eine Wahl zu treffen, wenn man sie auch in die Praxis umsetzen und testen will. Und das ist eine echte Herausforderung. Welche Grundlagen sind in deinem Leben wichtig, welche Werte haben dir deine Erfahrungen gezeigt? Wähle vier davon aus, die dich besonders berühren. Sie sind die Antriebskraft deines Lebens. Das Licht des Leuchtturms oder deiner Taschenlampe beleuchtet deine eigenen Werte. Freiheit, Verlässlichkeit, Sicherheit, Authentizität, Ehrlichkeit, Verletzlichkeit, Raum, Klarheit …

Die Werte beleuchten dein Leben und das der anderen.

In meiner Geschichte steht an erster Stelle die Dankbarkeit – für das Leben und für die Möglichkeiten und Chancen, die ich erhalten habe. Ich bin dankbar für die Familie, in der ich aufwachsen durfte. Ihr habe ich es zu verdanken, dass ich ein stabiler Mensch werden konnte. Ich lernte, mir selbst zu vertrauen. Das halte ich für ein großes Glück. Daraus ergeben sich auch die anderen Grundlagen: Tatkraft, Klarheit und vor allem das Staunen. Zusammen bilden diese vier Werte meine stille Antriebskraft. Und die Liebe spannt sich darüber wie ein Regenschirm, ein Schutzschirm. Innerhalb des Kreises ergeben Werte ein zusammenhängendes Ganzes. Die Stille hilft bei der Erstellung unseres eigenen Wertekreises und bei der Skizzierung der eigenen Perspektive. Die Stille verrät einem auch bisweilen, was wirklich wertvoll ist. Das durfte ich bereits einige Male erfahren. Zum Beispiel in England. Aber auch während einer Reise durch die Wüste Sahara. Wenn ich vorübergehend nicht mehr weiß, was wirklich wichtig ist, dann kann es sein, dass gerade die Stille diese Grundlagen wieder deutlich macht. Sie bringt einen zurück zum Ursprung.

SUCHE DIE WÜSTE

(ODER PLANE EINEN WÜSTENABEND ZUHAUSE: ALLES AUSSCHALTEN. LICHT, TELEFON, LAPTOP, TV ... ALLES AUS)

In allen großen Religionen und vielen alten Schriften werden der Wüste heilende Kräfte nachgesagt. Die Wüste ist eine Metapher für die Leere und somit auch für die Besinnung. Ich schlief sieben Tage unter freiem Himmel. Damit die Ruhe der Außenwelt in mein Inneres gelangen konnte. Damit die Geräusche der Innenwelt wieder hörbar wurden.

GRINSEN

Ich sitze in der Sahara auf einer dünnen Matte im Schatten. Ein Kamel schaut zu mir und lacht mich an. Ein süßes Kamellachen, oder ist es eher ein spöttisches Grinsen? Und wie ist das überhaupt möglich, kann ich seine Gedanken lesen? »Mensch, was willst du eigentlich? In dieser Wüste, in der Hitze, warum machst du so viel Wind, suchst nach dem nächsten Abenteuer, um die Leere zu erfahren?«
Und da ist das Grinsen wieder. Ist es vielleicht absurd, so weit zu reisen, um etwas zu erleben, was man auch am Strand in Burgh-Hamstede finden könnte? Sand bleibt Sand, oder?
Der Jeep, der uns zu dieser kleinen Kamelfamilie gebracht hat, fährt davon – er schlittert und rutscht, als fahre er auf Schnee, so locker und glatt ist der Sand. Wir winken, und dann plötzlich, so ist das häufig nach einem Abschied, fühlt man erst, wie es um einen steht. Ich kenne mich hier nicht aus, habe keinen Empfang, spreche die Sprache nicht, eine Karte habe ich auch nicht, mir fehlt jegliche Orientierung ... Ausgeliefert, das ist das passende Wort. Ich muss mich sieben Kamelen und vier Begleitern in langen Gewändern ausliefern. Die Tiere stehen nahe bei mir, und auf meiner Matte sitzend, sehe ich zu ihnen auf. Würde es wie bei

dem Film *Avatar* gehen, dass das Transporttier einen auswählt und nicht etwa umgekehrt? Oder wenn man sich zum ersten Mal einen Hund holt, einen Welpen, dann sucht man sich doch auch das Tier aus, das Kontakt zu einem sucht? Ich schaue ganz aufmerksam und hingebungsvoll. Unbeirrbar kauen die Kamele das stachelige Grün. Kontakt?

Unterdessen beladen die Männer die Tiere mit unserem Gepäck, mit Wasserkanistern, Proviant, Decken, dünnen Matratzen.

»*Go, go, go,*« sagt unser Führer. »*Walk!*«

Wir sollen also laufen? Nicht »so wie im Film«, wir gehen ganz einfach zu Fuß. All meine Gedanken waren umsonst gewesen, sinnloser, überflüssiger Ballast. Wie so oft.

Kurz noch einmal zurück, was war mein Gedanke? Angenommen, die Welt wird immer hektischer, und angenommen, unser Bedürfnis für Stille wird immer größer, nicht die Stille, in der es noch immer Geräusche gibt, sondern absolute Stille. Und angenommen, dass wir nicht mehr zum Meer wollen, weil die Orte dort überfüllt sind oder weil das Meer nicht mehr blau ist … Dann könnte die Wüste doch das Urlaubsziel der Zukunft werden. Denn nichts, aber auch gar nichts kann schiefgehen. Der Sand ist sauber, die Luft frisch, als sei man der erste Mensch, der sie einatmet. Und große Erwartungen (ja, auch ein typischer Fehler des Menschen) gibt es nicht, denn man weiß ja: Ich gehe zurück auf null. Zurück zu einer Matratze auf dem Boden, dem Sternenhimmel als Dach, einem Feuer zum Kochen.

Was bleibt von einem, wenn alle Luxusgegenstände wegfallen, das wollte ich wissen. Oder anders gefragt, was kommt dann zurück? Stellt man Kontakt mit etwas her, Kontakt, der einem in unseren Breiten nicht gelingt? Kann es sein, dass, wenn man das Rauschen im Kopf auflöst, die Seele zum Vorschein kommt? Wie die Sonne durch den Nebel scheinen kann? Durch die Nebelschwaden hindurch …

Welch ein Geschwätz, denke ich. Ich hatte mir das alles so schön ausgemalt. Was bleibt übrig, wenn es nichts mehr gibt? Die

Antwort weiß ich jetzt schon: genau dieselbe Person wie zu Hause.

Durch lockeren Sand gehen ist mühsam. Und in der prallen Sonne gehen noch mehr. Alle Ideen kommen mir theoretisch vor, und ich habe genug mit mir zu tun, damit, mich gegen die Sonne zu schützen, mit dem Gehen, Schauen, Folgen. Und die Person, die ich von zu Hause kenne, diejenige, die motzen kann, wenn es nicht nach ihrem Willen geht, die Person, der etwas Banales urplötzlich schrecklich auf die Nerven geht, und die in ihren Gedanken nicht loslassen kann, die Person ist auch hier. Einfach im Gepäck mitgekommen. Ich ringe und spreche ständig mit mir selbst: »Wie schön ist es doch hier, wie wunderschön.« Aber der Genuss ist noch etwas aufgesetzt.

MAN ÜBERLEBT NUR ZUSAMMEN

Von einer offenen Ebene aus nähern wir uns einer Art Schlucht, die Felsen haben bizarre Spitzen, aus denen die Abendsonne imposante Gesichter zaubert. »Können wir nicht hierbleiben?« Der Führer dreht sich bedächtig um, sieht mich aufmerksam an und zeigt um sich herum. »Siehst du hier Futter für die Kamele oder Feuerholz?« Dann dringt es zu mir durch. In Extremsituationen wie dieser, in einer Landschaft, in der nur ein paar Millimeter Regen im Jahr fallen, geht es nicht nur um »uns«, um unsere müden Beine oder unseren Wunsch, uns kurz auszuruhen oder etwas zu essen. Ist das der Fallstrick des modernen Denkens?

Uns ist zwar bewusst, dass wir nur ein Sandkörnchen im großen Ganzen sind, zugleich denken wir aber, dass das ganze Universum sich um dieses eine Sandkorn dreht.

»Folge mir einfach, wir sind gleich da.«

Schon nach ein paar Minuten wird mir alles klar. Wir gehen durch die Schlucht, und dann, nach einer Verengung, kommen wir in eine Art Becken, einen windstillen Platz, an dem Sträucher und Akazien wachsen und der Boden mit trockenem Holz bedeckt ist. Man überlebt nur zusammen.

Die Tiere sind schon da, der Koch schält und wäscht Gemüse in seiner provisorischen Küche, der Kameltreiber macht gerade ein Feuer für das Teeritual, und sein Gehilfe bindet den Kamelen einen Strick um die Vorderbeine, damit sie sich zwar bewegen, aber nicht davonlaufen können. Eine Idylle. Eine Oase aus Sand und ich sitze mittendrin.

Wie ein Sandkorn in der Wüste, imposant in seiner Winzigkeit.

EINE KLUFT ÜBERWINDEN

Und nun sitzen wir, vier Männer und zwei Frauen, also hier in der Dämmerung zusammen um das Feuer und trinken Tee. Der Vollmond scheint auf die weiße Erde. Das felsige Gebirge wirkt wie eine Elefantenherde, die sich schützend um uns stellt.

Wir nehmen uns eine hauchdünne Matte und Decken, die nach Kamel riechen. Unsere Begleiter legen sich einfach irgendwo hin, bereit für die Nacht. Wir rollen ein paar Meter entfernt unsere Schlafsäcke aus. Ich schließe meine Augen, die Ohren sind noch gespitzt. Höre ich da einen Skorpion rascheln, eine Schlange zischen? Ein kleines Tierchen vielleicht, eine Ameise etwa?

Aber da ist nichts, kein Tier, keine Gefahr und erst recht kein Geräusch. Die Nacht kommt und breitet noch eine zusätzliche Decke Stille über uns aus.

Wie ein Cowboy fühle ich mich und zugleich verletzlich.

ALLES IST ANDERS

»*Inez, good?*« Es ist der Koch. Er beherrscht zwei Wörter auf Englisch: »good« und »no good«. Letztlich brauchen zwei Menschen hier in der Wüste keinen größeren Wortschatz.

Das Ritual wiederholt sich nun in der Morgensonne. Der Kameltreiber macht Feuer und setzt Tee auf. In den Tee wird viel Zucker gerührt. Er gießt das Gebräu von einer Kanne in eine andere und wieder zurück, bis es schäumt, und wir den Tee serviert bekommen. Er stellt ein Gläschen nach dem anderen vor uns in den Sand, ganz bewusst, als wären es Schachfiguren. Der Koch macht Rührei. »*Good?*« fragt er.

Ja, sehr gut. So aufzuwachen ist unschlagbar. Kein Spiegel in der Nähe, kein Lipgloss nötig, die erste Welle von Freiheit kommt wie ein Hauch von Parfüm angeflogen.

Mein *Avatar*-Moment ist doch anders, als ich ihn mir vorgestellt hatte. Der Treiber winkt und zeigt auf eines der Kamele. Das Tier geht in die Knie und gibt einen Urschrei von sich. Wird das mein Kamerad für die restlichen Tage sein? So bedeutsam ist es dann überhaupt nicht. Ein Kamel in der Wüste ist wie ein Fahrrad in den Niederlanden. Man muss einfach nur gut darauf fahren können. Und wenn das eine müde wird von der Plackerei, bekommt man eben ein anderes.

Ideale Tiere für diese Gegend, denkt man dann. Bis sich die knochigen, viel zu langen Beine aus ihrer halbliegenden Position strecken, und das Tier zum Aufbruch bereit ist. Auf meinem Thron werde ich hin und her und vor und zurück geschaukelt, und das geht so weiter, auch wenn wir im Schritt weitergehen. Es fühlt sich an wie auf einem Schiff bei Seegang. Wogend wälzen wir uns in die nächste, atemberaubende Landschaft hinein.

»Stelle deine Füße auf seinen Hals, das ist der Beduinensitz.« Ich ergebe mich. Bin ich eine Nomadin? Nein, noch lange nicht, aber losgelöst von allem, das bin ich schon.

Die nächsten Tage wirken wie in einer Endlosschleife, wir gehen, machen Pause und trinken Tee. Abdallah geht mit seinem langen,

schwarzen Gewand und mit seinem schwarzen Cheche um den
Kopf gewickelt vor mir her: Unser Führer erinnert mich an Moses
in der Wüste auf dem Weg zum gelobten Land. Bis zum nächsten
stillen Ort. Mal führt der Weg durch Felstunnel, mal über verlasse-
ne Savannen, und dann ähnelt unser Weg sogar einem Flussbett.
An Steinsäulen und Sandströmen vorbei, auf oder neben den
Kamelen. Die Landschaft ist atemberaubend schön und fremd. Es
ist so still hier. Die Rituale wiederholen sich, und die Geräusche
hallen von den Felsen wider. Ich schließe meine Augen und höre
den Unterschied. Geräusche sind hier kein Rauschen, Geräusche
können getrennt voneinander wahrgenommen werden. So wenige
sind es: Jemand bricht einen Zweig für das Feuer entzwei, Butter
zischt kurz in der Pfanne über dem Feuer, Tee gurgelt von einer
Kanne in die andere. Das ist alles.
Selbst die Gedanken sind hier kein Strom mehr, sondern kommen
einer nach dem anderen. Als wäre mein Geist, in dem es manchmal zugeht wie auf einer Autobahn, eine ruhige Kreuzung in
einem verlassenen Dorf geworden. Ab und zu kommt etwas
vorbei. Selbst meine Frage »Was bleibt, wenn aller Luxus weg-
fällt?« bricht sich an den Felsen und löst sich auf. Eine Antwort ist
nicht nötig. Denn ich sitze hier wie ein Sandkorn in der großen
Wüste. Und die Stille liebkost meine Stille.

DER
KREIS DER
GEFÜHLE

(GEFÜHLE SIND WIE DEINE FREUNDE)

Alle weisen Lehrer, die ich getroffen habe, erzählten mir dasselbe: Wollen wir, dass unser Leben ganz ist, müssen wir auch üben, ein ganzer Mensch zu sein. Das heißt, dass wir die Gegensätze in uns selbst zu vereinen lernen müssen, um dann mit dieser Weisheit in die Welt hinauszugehen.

Um noch einmal an den Beginn dieses Buches zurückzukehren: Das Zentrum des Kreises bedeutet für mich die intelligente Mitte. Das ist der Ort, an dem alles beginnt. Wie ein dicker Regentropfen auf dem Wasser der Ausgangspunkt eines Kreises ist. Ich stelle mir vor, dass jedes Leben mit einem Tropfen Beseelung oder Bewusstsein beginnt. Niemand weiß genau, wann die Seele ihren Anfang hat, mit dem ersten Herzschlag? Vielleicht auch erst mit dem ersten Atemzug? Jeder Mensch kommt auf die Welt mit einer ordentlichen Portion von Seele, Weisheit, Bewusstsein, Raum – viele Wörter für etwas, das wir nicht erklären können. Und wenn unser Körper stirbt, verlässt ihn das wieder. Das kann man sogar sehen. Ich habe es gesehen, als mein Vater starb. Schon nach wenigen Minuten erkannte ich ihn nicht mehr. Sicher, da lag ein Körper, mir vertraut und bekannt, aber die Seele war weg, und mein Vater ging mit.

ANDERES LICHT

Die Mitte will sich Gehör verschaffen. Das ist mehr als klar. SIE erzählt unsere menschliche Geschichte über ein Urverlangen nach Glück. Aber wenn das Verlangen nach Glück auf ein Kreisstück ausweicht und sich vor allem in Eigeninteresse verwandelt, dann bekommt man es mit Gefühlen wie Eifersucht, Missgunst, Hass, Aggression und Stolz zu tun. Meine Kaffeetasse hinterlässt Ringe

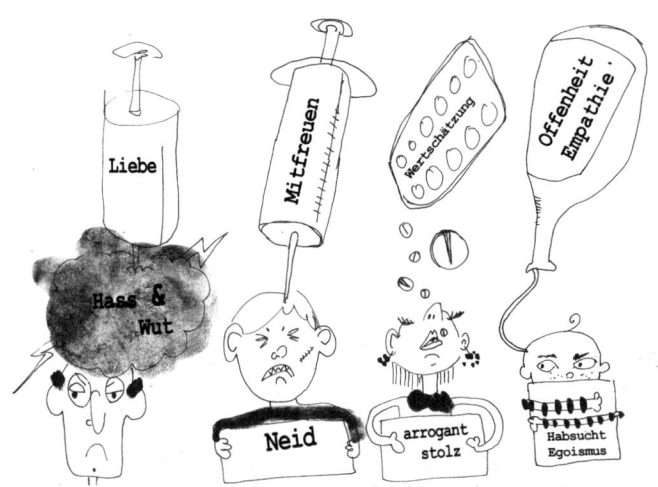

Nach Buddha bringt man seine Gefühle durch eine Art
Gegenmittel wieder zu ihrem Ursprung zurück.
Jedes Gefühl hat ein eigenes Gegenstück.
Für Hass und Wut ist das Gegenmittel die Liebe gegenüber
den Mitmenschen und die Geduld mit ihnen.
Neid und Eifersucht behandelt man, indem man sich ehrlich
mitfreut und die Freude mit anderen teilt.
Das Gegengift für Arroganz und Stolz ist die Wertschät-
zung anderer sowie der ehrliche Umgang mit den eigenen
Fehlern und die Besonnenheit.
Verlangen, Habsucht und Egoismus setzt man Offenheit
und Empathie entgegen.

auf dem Papier. Ein besseres Beispiel könnte es gar nicht geben: Genau so hinterlässt auch ein emotionales Ereignis einen Abdruck in unserem Leben, in unserem Kreis. Als scheine die eigene Ausstrahlung durch einen Farbfilter. Durch Gefühle wird die Umgebung in ein ganz anderes Licht getaucht, ist anders aufgeladen.

Emotionen werden von unserer Ausstrahlung beeinflusst, negative wie auch positive. Sie färben die Wahrnehmung der reinen Seele oder des reinen Enthusiasmus.
So einfach ist das.
Wie beim Leuchtturm.
Filter sorgen für den jeweiligen Charakter.
Das ist schon von fern erkennbar.
»Was genau ist dann der Unterschied?«, fragte ich einmal einen spirituellen Lehrmeister. Seine Antwort war so klar, dass ich mich jetzt noch daran erinnere: »Liebe nimmt keinen Raum ein, Verliebtheit schon. So erkennst du den Unterschied. Gefühle geben Raum, Emotionen besetzen deinen Raum, sie füllen dein Denken an.«
Gefühle sind jedenfalls sanft und still. Emotionen sind präsent und machen – manchmal – mehr Lärm.
Wir Menschen neigen dazu, alte Emotionen aufrechtzuerhalten, sodass beinahe jeder Mensch ein ganzes Bündel alter Emotionen mit sich herumträgt. Schön gesammelt und um uns herum aufgebaut. Wenn wir also zur Mitte des Kreises zurückkehren, wo es ruhig und gut ist, dann könnte man Emotionen in vielerlei Ausprägung um das Zentrum herum anordnen. In Gedanken sehe ich meine eigenen Warnschilder hochgehen. So mancher Ärger sowie Gereiztheit und Wut.
Und ich sehe meine Welt über diese Wörter hinweg, als wären die Emotionen Schatten meines eigenen Lichtes.
Emotionen sind die Filter unseres Lebens.
Ein Buddhist sprach über Emotionen, als ginge es um eine Speise. Er sagte: »Bist du geduldig und mutig genug, um all deine Emotionen in eine imaginäre Pfanne zu werfen und sie dort allmählich

Je weiter wir von unserer unsichtbaren Triebfeder
entfernt sind, desto härter werden unsere Worte und desto
härter werden auch wir selbst. Schaffe dir Raum. Wenn dein
Blick sich verengt, bleibt am Ende des Horizonts nichts
von den ursprünglichen Werten, dann gibt es da nur noch
Aggression, asoziales Verhalten, Kontrolle, Macht,
Depression und Arroganz.
Wörter, die uns in dem Moment umgeben. Hart. Deutlich.
Jeglicher Lebenskraft beraubt.

garen zu lassen, statt die Emotionen auf die Außenwelt zu projizieren? Dann bist du nur mit einem beschäftigt, nämlich die Welt so zu machen, wie du glaubst, dass sie ist, so wie du sie haben willst …« Diese Aufgabe, seine aufgestauten Gefühle nicht ständig in die Welt hinauszuschleudern, sondern in seiner eigenen Pfanne garen zu lassen, muss man regelmäßig erledigen.

HINTER EMOTIONEN

Das Beste, was ich von dem Kreismodell für mich mitgenommen habe, ist, dass Emotionen verhärtete Werte sind. Die Werte aus der Kreismitte haben sich im Laufe unseres Lebens irgendwie verformt. Vielleicht wurden sie ignoriert oder unterdrückt.

Das geschieht, wenn es zu wenig Raum für einen selbst gibt und man dadurch den Kontakt zur Mitte verliert; durch Stress, Arbeitsbelastung, Zeitmangel und Atemlosigkeit … Die Werte, die wir immer bei uns tragen, verblassen dann und können sich in destruktive Emotionen wie Wut, Missgunst und Aggression verwandeln. So schmerzhaft manche Emotionen auch sind, es findet sich – so sagt Buddha – dennoch Weisheit in ihnen. Emotionen sind »nur« Abwehrreaktionen, hinter denen sich Angst verbirgt. Die Angst, attackiert oder ignoriert zu werden, oder davor, dass der eigene Lebensstil kritisiert werden könnte. Die schwierigste Übung in unserem Leben ist, uns dessen bewusst zu werden. Ein Meisterstück also, aber es ist interessant, es sich näher anzusehen.

Hinter dem Ärger steckt im Prinzip Klarheit, Reinheit, Offenheit und intellektuelle Genauigkeit. Wenn man das begreift, kann man diese Emotion ruhig beobachten, um dann Deutlichkeit und Präzision einzusetzen. Man sollte also den Ärger nicht für später aufbewahren, hinunterschlucken oder wie einen Giftschwall in die Welt hinausspucken, sondern möglichst bewusst zur Essenz kommen.

An der Quelle von Argwohn, Neid und Missgunst liegt die Tatkraft. Begeisterung ist der ursprüngliche Wert, der sich hinter Gier und besitzergreifendem Verhalten verbirgt. Diese Begeisterung kann einem im Weg stehen, und dann kommt das, was man sagt

und tut ganz anders heraus, nämlich übergriffig, während man es warmherzig gemeint hat. Hinter Arroganz und Stolz stehen die ursprünglichen Werte von Sanftmut, Besonnenheit und Ausgeglichenheit. Menschen, die meinen, ihr Inneres sei nicht gut genug, errichten einen Turm aus Stolz um sich herum. Sie übertreiben dabei etwas, um nach außen hin eine perfekte Fassade zu errichten. Sieht man das erst einmal ein, verwandelt sich Stolz in Besonnenheit und Ausgeglichenheit.

In der Verschleierung und Verwässerung des Wertes von Raum wiederum liegt die Eintönigkeit, die Unachtsamkeit und die Langeweile. Einfach gesagt: Wenn man alles gut findet, niemals kritisch ist, kann das in Langeweile und Unachtsamkeit übergehen. Bewusstes Raumgeben erfordert Aufmerksamkeit, ist also etwas anderes. Wie man es auch betrachtet oder erlebt, das Gesamtbild ist der Ausdruck unserer Persönlichkeit. Werte und Emotionen bilden zusammen eine Art Familie. Ähnlich wie man auch seine eigene Familie betrachten kann: Der eine gehört zum anderen. Und in jedem Menschen ist das alles vorhanden. Das Erkennen des Gesamtbildes ist es, worum es eigentlich geht.

Der Gedanke, dass sich hinter jeder Emotion der reine Ursprung versteckt, ist eine Herausforderung. Dadurch ist es so viel entspannter und interessanter, die eigenen Emotionen zu betrachten – und einfacher, die von anderen zu begutachten. Wir brauchen Emotionen nicht mehr zu leugnen oder zu pflegen. Oder, wie man früher sagte, ihnen »Raum geben« – diese Wortwahl finde ich noch immer seltsam, denn das hieße ja, dass die Emotionen noch immer da sind! Starke Emotionen sind nur Ausdruck einer Verzerrung eines Wertes. Es liegt an uns, die Herausforderung anzunehmen und wieder zum ursprünglichen Wert zurückzufinden.

Wie beleuchtet man den ganzen Kreis? Das ist also die Kunst des Lebens. Der Lichtstrahl der imaginären Taschenlampe muss so weit, ausladend und intensiv scheinen, dass alles beleuchtet wird. Dann findet man sich in der Mitte des Ganzen oder, besser gesagt, dann ist man vollständig.

WIE KOMMST DU IN BEWEGUNG?

(VON AUSSEN NACH INNEN – VOM RAND ZUM GESAMTEN)

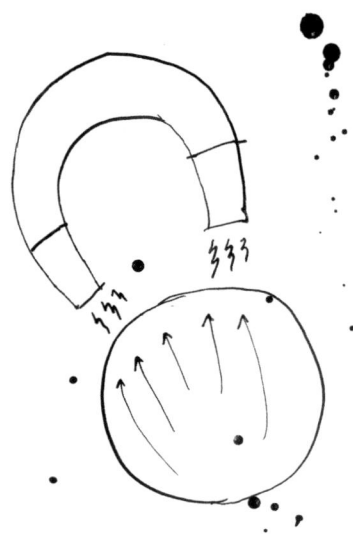

Wie von einem unsichtbaren Magneten werden wir zum Rand
des Kreises gezogen. Ist man erst dort angekommen,
kehrt sich das Ziel um.

Der stille Kompass nimmt Form an. Nun fehlt noch die

bewusste Entscheidung, eine neue Richtung einzuschlagen:

hin zur Mitte des Kreises. Was hält dich ab? Was hält uns ab?

Wie kommt es, dass wir uns immer wieder zu den Extremen

locken lassen, zum einseitigen Rand?

DIE ANZIEHUNGSKRAFT DES RANDES

Warum zieht der äußere Rand des Kreises uns magnetisch an? Ist es die Freiheit? Wir können wählen, wo wir stehen, wir haben einen freien Willen. Das hört sich schwierig an, andererseits haben wir jedoch vom Kreis der Geschichte gelernt, dass alles, worauf ein Mensch seine Entscheidungen gründen kann, von seiner Umgebung vorgegeben ist. Also doch kein freier Wille? Freiheit heißt derzeit so viel wie »Kümmere dich nicht um mich, ich habe mein eigenes Leben.« Aber vielleicht sollten wir diese Freiheit besser den reinen Individualismus nennen. Wenn man sich selbst also ganz nach rechts, auf die Seite der Freiheit, auf das Ego stellt … dann steht man weitab vom vollständigen Leben, dann sieht man, einfach ausgedrückt, den Zusammenhang der Welt überhaupt nicht mehr. Freiheit findet man nicht in der Peripherie.

VERLOCKUNG

Oder sind es etwa die Verlockungen, die uns von uns selbst wegführen? Wir sind ein Teil der Natur, sagen wir – vielleicht nur ein Nebenschauplatz – aber geht ein Tier auch auf Kosten seiner selbst oder auf Kosten seiner Art in die weite Welt hinaus? Lässt es sich verlocken?

Ich rufe meinen Schwager an, den Förster unserer Familie. Er erklärt, dass Tiere nicht unser Denkvermögen besitzen. Sie können

auf eine bestimmte Art denken, aber das nennen wir dann Instinkt. Wenn man also von der Mitte spricht, unserem Bewusstsein, unserer Seele oder unserer treibenden Kraft, dann ist das bei den Tieren der Instinkt. Tiere helfen einander, verteidigen sich gegenseitig, fressen einander. All das gibt es.

Sie leben dank ihrer Artgenossen.

Und daher würden sie niemals ihren Ursprung verlassen. Wenn der Kreis das Leben ist, dann bleiben sie brav im Kreis. Denn dort befindet sich die Fortpflanzung, ihr oberstes Ziel.

Und natürlich kennen auch Tiere die große Verlockung. Hat ein Eisvogel gerade ein Nest gebaut und ein Weibchen gefunden, das Eier legt, so kann es dennoch passieren, dass er ein jüngeres Weibchen sieht, für das er sich dann entscheidet. Das neue Weibchen vertreibt das alte aus dem Nest, die Eier sind verloren, gemeinsam wagen sie einen Neubeginn. Das geschieht durchaus. Aber in jedem Fall geht die Fortpflanzung weiter.

Der Mensch hat zwar noch den Fortpflanzungstrieb, aber wir sind zusätzlichen Verlockungen ausgesetzt. Wir suchen den Rand des Kreises, dort, wo es spannend wird. Wir kennen neue Formen der Verlockung. Der Instinkt ist arterhaltend. Wir haben zwar das Denkvermögen erhalten, können aber noch nicht so gut damit umgehen. Also wurden wir ungebundene, freie Individuen. Uns fehlt ein Ziel. Wir leben nicht dank, sondern trotz unserer Mitmenschen.

Wir beenden das Telefonat, und ich sehe mir an, was ich an den Rand des Kreises gekritzelt habe und lasse die Wörter noch einmal auf mich wirken:

`Glaube.`
`Technik`
`Geld`
`Körper.`

Das sind die Verlockungen von heute. Wir tun alles dafür, manchmal sogar auf Kosten des Lebens.

TECHNOLOGIE (PRAKTISCH ODER SÜCHTIG MACHEND)

Der Technologie, im Quadranten links unten angesiedelt, haben wir den großen Fortschritt zu verdanken. Von kleinen traditionellen Handwerksbetrieben ging die Entwicklung hin zu modernen, großen Fabriken. Nun konnte in großem Rahmen produziert werden. Welch ein Fortschritt! Aber der Mensch bekam es nun auch mit der Monotonie der Arbeit zu tun. Die Arbeit wurde unpersönlich. Was genau machte man da eigentlich? Die Verbindung zum Endprodukt ging verloren.

Philosophen sprechen von der Entzauberung der Welt. Das war die Industrielle Revolution.

Momentan erleben wir wieder eine Revolution, nämlich die digitale. Wir sind vierundzwanzig Stunden am Tag, alle Tage der Woche erreichbar und damit beschäftigt, alle Informationen zu verarbeiten. »Als Systemsklaven«, sagt der Philosoph Hans Schnitzler. »Wir waren so optimistisch, was die Möglichkeiten des Internets angeht. Aber die dunklen Seiten sind bereits zu sehen.«

Warum haben wir an die Technologie höhere Erwartungen als aneinander? Der Technologie-Philosoph Bernard Stiegler sieht Übereinstimmungen zwischen den beiden Revolutionen. »Zuerst kam die Industrialisierung des Körpers durch Maschinen, nun geht es um die Industrialisierung des Geistes. Unsere Aufmerksamkeit wird vollständig von unseren liebsten Begleitern beansprucht: unserem Handy und unserem Laptop.« Kehrt sich der digitale »Fortschritt« gegen uns?

GELD (DER GUTE ZWECK)

Geld gibt es, um unser Leben zu gestalten. Banken waren für uns da, damit wir unsere Träume in die Realität umsetzen konnten: ein Unternehmen gründen, ein Haus bauen oder in ein fernes Land reisen. Geld war ein Dienstleister. Geld war für das Leben selbst bestimmt, stand im Dienst des Menschlichen. Aber die Struktur änderte sich und das System übernahm. Das Geld bekam ein Eigenleben.

WAS SICH AM RAND DES KREISES BEFINDET

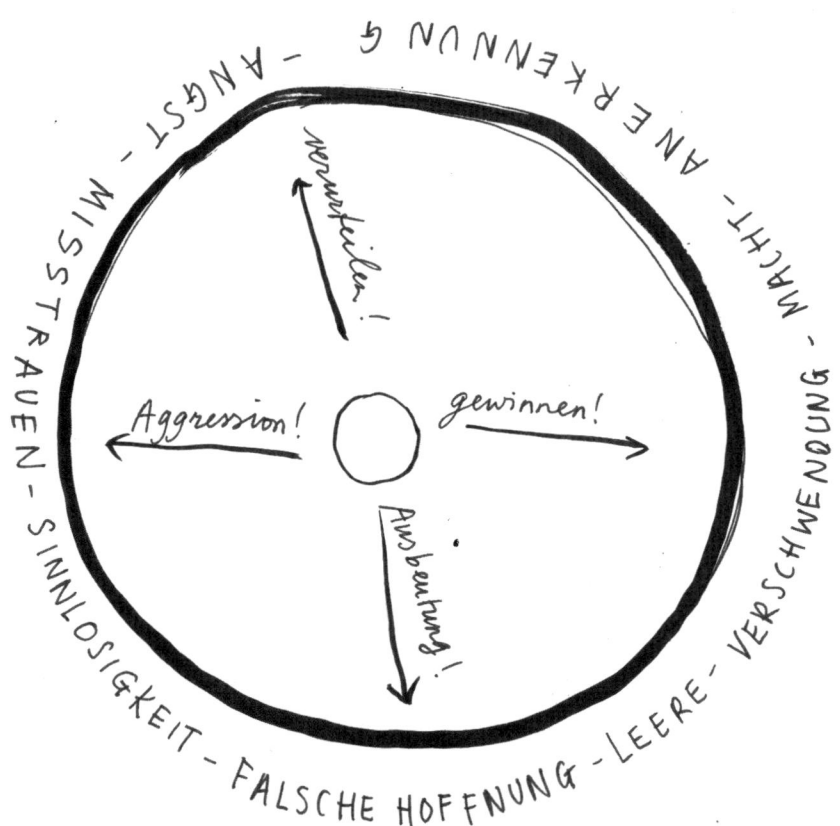

Die anfängliche Zielsetzung (Dienstleistung) änderte sich und kehrte sich gegen uns. Die Wirtschaft steht im Dienst des Finanzsektors. Verkehrte Welt.

KÖRPER

Das beste Beispiel dürfte dafür wohl unsere Faszination für unseren Körper liefern. Als wären wir nicht viel mehr als diese äußerste dünne Schicht. Für unsere Haut tun wir alles, für sie geben wir viel Geld aus. Wir wollen die Perfektion, den Erhalt der Jugend (vielleicht wollen wir auch einfach nicht erwachsen werden?) und verlieren – so geht es ja immer – den Menschen als Ganzes aus dem Blick. Was bedeutet die Verwendung von Botox beispielsweise für unser Innenleben??

VERLANGEN

In welchem Segment man auch steht oder welches man auch betrachtet, die falschen Hoffnungen sind immer am Rand des Kreises angesiedelt. Ob es nun um unseren Körper, die Technologie oder die Ökonomie geht – immer ist das Verlangen nach Wachstum und mehr da.
Viele weise Lehrer sind sich darüber einig: Das Verlangen nach einem anderen Leben, Hoffnung auf Erfüllung, Dinge und Liebe siedeln wir am Rand unserer Existenz an.
Das Verlangen nach Besserem lebt in der Zukunft und hält uns ab von dem, was jetzt und hier ist. Laut dem spirituellen Lehrer Eckhart Tolle ist das der Grund dafür, dass viele Menschen in Angst und Unzufriedenheit leben. Denn nichts, was man außerhalb seiner selbst findet, bleibt; trotzdem streben wir immer weiter danach. An der Außenseite finden wir nur die Suche nach Anerkennung und Konflikte – das hatten wir bereits gesehen.
Verlockungen – Sie locken uns weg von der Mitte, wie Sirenen mit ihrem Gesang die Seeleute dazu brachten, ihr Schiff auf einen Felsen auflaufen zu lassen. Und Odysseus dachte sich eine List dagegen aus. Was ist unsere List?

DER KREIS IST EIN HELD

(JEDER HELD WILL ZUR MITTE)

Es erfordert Mut und einen starken Willen, sich in Bewegung zu setzen. Das Verlangen, zu der Stelle zurückzukehren, wo man am liebsten sein möchte, wo man Glück erlebt hat, wo Ruhe herrscht, wo der geliebte Mensch wohnt. Das ist es doch, was alle möchten, oder? Der Dichter Homer hat dieses universelle Gefühl wunderbar in seinem Epos über Odysseus in Worte gefasst. Der Held, der nach Hause will, nach Ithaka. Man könnte das als eine Metapher für die Mitte sehen.

DELAYING ODYSSEUS, steht unter einer Abbildung in meinem Nachschlagewerk, die die Nymphe Kalypso darstellt. Genau darum geht es in dem Epos: Odysseus' Suche führt von einem Aufschub zum nächsten. Sie alle drehen sich darum, ihn besondere Erfahrungen machen zu lassen. »Das Ziel ist nicht wichtig, der Weg ist entscheidend«, sagen die Buddhisten dann. Aber damit war Odysseus sicher nicht einer Meinung. Er verzehrte sich vor Verlangen nach seinem Zuhause, war krank vor Heimweh. *Nostos* sagen die Griechen, das heißt »Rückkehr«, »Heimkehr«. Unser Wort Nostalgie stammt von diesem Wort ab. Zwanzig Jahre war Odysseus in der Fremde. Zehn Jahre hat er um Troja gekämpft, zehn Jahre irrte er umher, auf dem Weg in die Heimat.

DIE GESCHICHTE

Odysseus ist als König von Ithaka sehr glücklich. Er hat eine schöne Frau, Penelope, und ein Baby. Er wird aufgefordert, am Kampf um Troja teilzunehmen, aber er will nicht weg. Warum sollte er weggehen? Alles ist unter Kontrolle, jeder ist glücklich. Also denkt er sich eine List aus; als die anderen ihn holen wollen, tut er, als habe er den Verstand verloren. Am Strand spannt er einen Esel und einen Ochsen vor den Pflug und wirft Salz und Muscheln vor sich – als wolle er ein Meer säen.

Kommt uns das bekannt vor? Sich selbst ein wenig dumm stellen, wenn man zu etwas keine rechte Lust hat oder sich vor etwas drücken will? Die Bundesgenossen haben Zweifel an seinem Verhalten und legen sein neugeborenes Baby vor den Pflug. Odysseus weicht natürlich aus und liefert somit den Beweis dafür, dass er nicht so verrückt ist, wie er vorgibt. Also zieht er mit zwölf Schiffen in den Kampf. Welch schöne, symbolische Zahl, mit Schiffen als Aposteln macht er sich auf den Weg. So beginnt die Geschichte, eine Folge von vielen Abenteuern. Odysseus lässt Glück und Geborgenheit hinter sich und zieht in den Krieg. Er gewinnt die Schlacht um Troja mit einer List, dem berühmten trojanischen Pferd, was wiederum ein schönes Symbol ist. Der Wendepunkt für Odysseus ist, dass er sich nach zehn Jahren voller Macht, Reichtum, Kampf und Materie für den Weg zurück ent-scheidet.

Auf dem Weg gilt es, Ängsten und Versuchungen zu widerstehen. Von einer Insel fährt er zur nächsten, so ergeben sich Geschichten über Verlust, Betrug, Hingabe und Enttäuschung. Alles Mögliche geschieht auf seiner Reise, ehe er als Gestrandeter in seinem Königreich an Land gespült wird. In Lumpen gekleidet klopft er an seinem eigenen Palast an, dem Zentrum seiner Existenz.

STECK DIR WACHS IN DIE OHREN ...

Was denn nun schon wieder? Wolkensammler Zeus treibt Odysseus zur nächsten Versuchung, der er widerstehen soll: Frauen, die Sirenen. Mit ihrem bezaubernden Gesang jagen sie alle Reisenden in den Tod. Denn, wer sich ihnen unwissend nähert und ihre Stimmen hört, kehrt niemals mehr nach Hause zurück. Um die Sirenen herum türmen sich Knochen und Totenschädel. Odysseus knetet Wachs zu Ohrstöpseln, die er seiner Mannschaft in die Ohren steckt. Er selbst lässt sich mit doppelten Tauen an den Mast binden. Die Sirenen sehen Odysseus und seine Leute und stim-

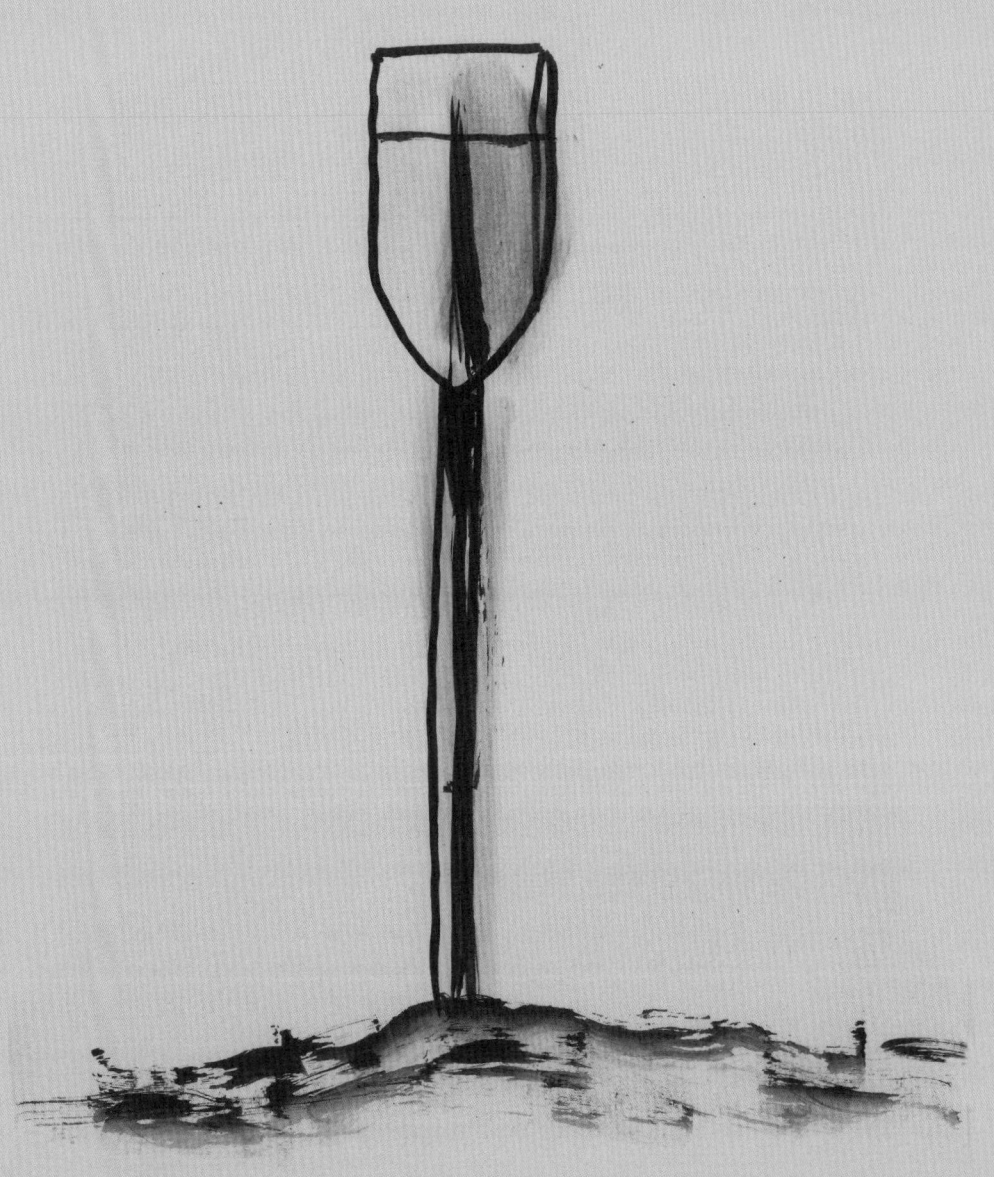

220

men ihren lockenden Gesang an. Sie rufen Odysseus auf, mit seinem Schiff zur Insel zu kommen. Sie versprechen ihm ganz neue, unerhörte Erfahrungen. Aber Odysseus und seine Mannschaft gehen ihnen nicht in die Falle und überleben die Verlockung. So ist Odysseus seinem Zuhause wieder einen Schritt näher gekommen.

Als seine Frau und sein Sohn ihn endlich erkannt haben und alle Feinde, die Freier, die seine Penelope umlagerten, geschlagen sind, kommt noch ein letzter Auftrag. Er muss das Ruder als Denkmal weit weg vom Meer in die Erde stecken. So weit weg, dass die Menschen, die dort wohnen, gar nicht wissen, was ein Ruder überhaupt ist, und auch kein Salz kennen. So tief muss er ins Inland vordringen. Das Ruder brachte ihn in den Krieg, Symbol für die Welt von Macht und Stolz, Zwistigkeiten und Zwiespalt. Genau um dieses Symbol muss er sich nun kümmern.

Was wäre unser Symbol?

Erst als er seinen letzten Auftrag erfüllt hat, kommt er nach Hause und lebt noch lange und glücklich bis an sein Ende.

Ein inneres Ziel, dem Homer einen Namen gab: Ithaka.

ALLE HELDEN FLIEGEN BEINAHE AUS DEM KREIS HERAUS
(und kommen in die Mitte zurück)

Odysseus steht für etwas: Ein Held zieht aus, macht Fehler und kehrt zurück – »Bin wieder da, Schatz« – in die Mitte. Er ist reicher an Erfahrungen. In Heldengeschichten kann man genügend Symbole für die Mitte finden: Mal ist es ein Ring, dann ein Gral – Dinge, die man heilig nennt. Der Held oder der naive Ritter macht sich auf den Weg und gelangt durch seine Erfahrungen zu tieferer Erkenntnis. Diese wiederum offenbart ihm den Zugang zu seiner Mitte, zur Burg, dem Gral oder einer Tafelrunde. Die Reise des Helden ist immer eine Suche nach Werten, aber erst in der Mitte ergeben sie ein zusammenhängendes Ganzes.

WAS SICH IM KREIS BEFINDET

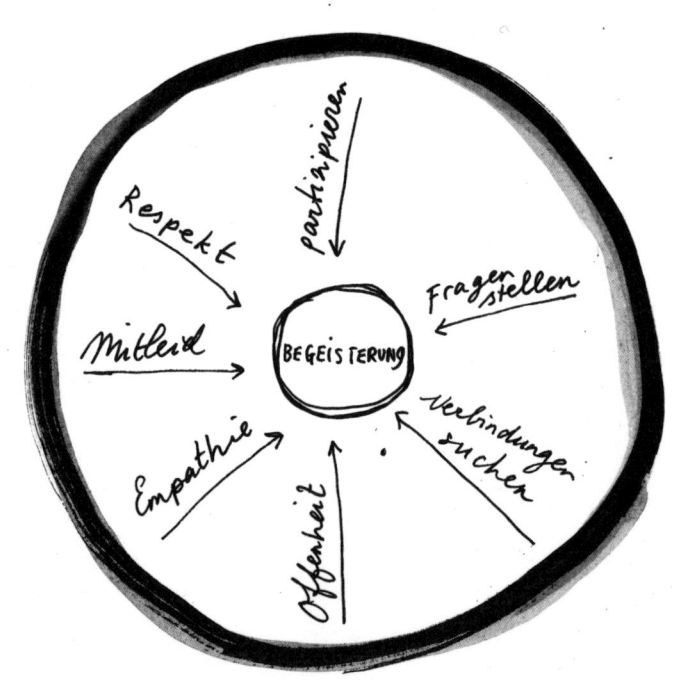

AUF DEM WEG ZUR MITTE (WIE WOLLEN WIR DAS SCHAFFEN?)

Wie vollziehen wir in unserem Kreis, in unserem Leben, die Bewegung von außen nach innen – vom Rand zum Gesamten – vom Ich zum Anderen? Wie verbinden wir das Ich mit dem Anderen? Das ist vielleicht die wesentlichste Frage in dieser Zeit. Die Einseitigkeit schränkt unser Denken ein. Wie also kommen wir in Bewegung?

Vielleicht ist die Antwort einfacher als gedacht: Der erste Schritt Richtung Mitte ist ein Entschluss, eine Abmachung, die man mit sich selbst treffen kann. Es beginnt mit: »Sei offen!«

Die Weisen, die ich kennengelernt habe, sagen alle dasselbe: Sei offen! Offen für neue Ideen, andere Menschen, andere Konzepte. Sei offen für mehr Ziele als nur ein einziges.

Ein bewusster, offener Geist – lass dich nicht durch Überzeugungen und Emotionen aus der Vergangenheit blockieren – entwickelt sich zu einem großen Geist. Große Geister geben Raum. Und eine Richtung.

SEI OFFEN UND LÖSCHE VORURTEILE

Das Ego kritisiert gerne den Anderen oder das Andere. Das Ego sieht gerne vor allem die Fehler des Anderen. Eigentlich verhält es sich so: Das Ego will das Andere noch mehr anders machen. Dann fühlt es sich jedenfalls stärker und bekommt eine klarere Identität. Wie also kommt man dem Anderen näher? Indem man aufhört zu kritisieren. Lass Urteile nicht zwischen dich und die Welt kommen. Lösche Vorurteile aus deinem Denkmuster. Das habe ich von Eckhart Tolle gelernt.

JE NÄHER DU

DER MITTE

BIST.

DESTO MEHR

BIST

DU.

SEI OFFEN FÜR EINE ANDERE PERSPEKTIVE

Stelle dich in Gedanken genau zwischen dein »Ich« und den Anderen und lasse das Licht des Leuchtturms auf dein »Ich« scheinen und dann auf den Anderen. Bewege dich also von deinem eigenen Platz weg und werde zum Beobachter. Das sorgt für eine andere Perspektive. Inventarisiere deine eigenen Beobachtungen und Gefühle. Tu dann dasselbe mit den Meinungen des Anderen. Als imaginäre Zwischenperson in der Mitte erhält man so mehr Verbindung als wenn man weiterhin an seinen eigenen Standpunkten festhält. Das kann einem eine andere Sichtweise, einen neuen Gedanken schenken. Es ist eine Übung in Empathie, fördert das Verständnis für den Anderen.

SEI OFFEN FÜR DAS GANZE

Es gelingt nicht immer, aber ich versuche jeden Tag, mir folgenden Gedanken durch den Kopf gehen zu lassen:
Wenn es das Eine gibt, gibt es auch das Andere.
Wenn es Aggression gibt, gibt es auch Liebe. Wenn es Geld gibt, gibt es auch Idealismus.
Worauf lässt du dein Licht scheinen? Auf das Eine? Auf alles?

Ein bewusster, offener Geist
entwickelt sich zu einem großen Geist. Große Geister
geben Raum und eine Richtung.

HÖRE NICHT AUF, FRAGEN ZU STELLEN (MEINE PERSÖNLICHE CHECKLISTE)

Diesen Rat habe ich irgendwann während der Exerzitien mitgenommen, an denen ich teilnahm. Ein Lehrer sagte: »Achte darauf, in einem Gespräch mehr zuzuhören als selbst etwas zu sagen. Stelle mehr Fragen als deine eigenen Geschichten zu erzählen. Achte darauf, dass es ein Gespräch ist und kein Monolog. Halte dabei das Verhältnis von sieben Fragen zu drei eigenen Geschichten ein.«

Es ist durchaus möglich, sich das zu vergegenwärtigen.

Hier geht es um Fragen, die man sich selbst regelmäßig stellen kann:

1. Ist es noch stimmig? Kann ich meine Werte und Überzeugungen in dem, was ich tue, zum Ausdruck bringen? Darin, wie ich lebe?
2. Und, wenn das nicht so ist, was tue ich? Welche Entscheidung treffe ich?
3. Tue ich noch das, was ich einmal tun wollte? Wäre das noch oder wieder möglich?
4. Diene ich dem Kreis, also der Gesamtheit des Lebens? Oder nur meinem eigenen Leben, meinem Unternehmen?
5. Was will ich der Gesamtheit zukommen lassen? Welche Bedeutung gebe ich meinem Leben und dem von anderen, von Kindern, der Familie, von Freunden?
6. Schade ich einem anderen, der Natur oder meiner Umgebung mit meinem Verhalten? Oder mit meiner Arbeit? Und will ich das? Oder muss ich das?
7. Warum tun wir, was wir tun?

Gehe gedanklich einen Schritt zurück, betrachte den Planeten und frage dich: Ich habe dieses Leben auf der Erde erhalten, was mache ich hier damit?

GEMEINSAM GEHT ES WEITER

Schritt für Schritt. Wenn wir alle gemeinsam gehen, ist es eine Art Exodus, ein Weg zur Mitte. In Schlangenlinien durch den Kreis zu reisen, wird eine neue Art zu denken und zu leben sein. Langweilig? Ich denke genau das Gegenteil ist der Fall: Es gibt eine Richtung. Nicht den einen Weg, die immer gleiche eine Meinung, sondern wie ein Nomade um die Mitte herum zu reisen, und so offen für andere Perspektiven und andere Erfahrungen zu sein. So entwickeln wir eine neue Betrachtungsweise.

WÄHLE
DEINE
WERTE

An unserem eigenen Denken vorbeizukommen, ist wohl das Schwierigste dabei. Aber das Ergebnis ist nachhaltiger als immer neu auf das Eine und auf das Vorherige zu reagieren …

Verbindungen zu schaffen, darin liegt die Zukunft. Verbindungslinien vom System zu den Idealen, von der Wissenschaft zur Sinngebung.

Wie sieht die Zukunft aus, wenn wir in Bewegung kommen? Wenn wir den einen Punkt verlassen und uns tastend umsehen, wie das Licht des Leuchtturms?

Dann entsteht ein Kreis wie ein Stern, voller Linien und Verbindungen. Aus allen Ecken verlaufen Linien »zur gegenüberliegenden Seite«.

Wichtige Werte werden nicht mehr ausgeschlossen oder ignoriert, sondern direkt miteinander verbunden.

»Kulturell« wird mit »materiell« verbunden, »Kunst« mit »Wissenschaft« – das kann geschehen, wenn wir uns in Richtung der Mitte bewegen.

Die Reise durch den Kreis beruht auf einer neuen Definition dessen, was wertvoll ist.

Geld ist für sich genommen kein Wert. Dem Geld einen Wert zuzuschreiben, ist eine andere Geschichte.

Wer haucht dem ganzen Kreis Leben ein?

Je weiter man von der Mitte entfernt ist,

desto weniger Mensch befindet sich im Kreis.

Rationalisierung, Erweiterung, Computerisierung,

Systeme, derlei Prozesse haben den Menschen eingeholt.

Oder besser gesagt herausbefördert.

Starre Prozesse verbinden uns nicht wesentlich miteinander,

Eine menschliche Geschichte schon.

AUS DEM TRAUM ERWACHEN

Einander Aufmerksamkeit zu schenken ist etwas anderes, als sein eigenes Leben auf andere zu projizieren. Jeder geht von sich selbst aus. Die Kunst liegt darin, wirklich Kontakt aufzunehmen, ohne seine eigene Geschichte mitzutragen.

Andersherum habe ich es bereits erlebt. Eine Kultur der »Anderen«, die nichts mit uns, dem Westen, zu tun haben wollten. Weil wir eine Bedrohung darstellen, die Angreifer sind. Die Feinde.

Dieses Volk setzte sich über alle eigenen Ängste hinweg und lud Menschen aus dem Westen ein, um sich ihre Geschichten anzuhören. Und ich war eine der Geladenen.

Diese Menschen brauchen nicht darüber nachzudenken, wie sie einen moralischen Kompass machen. Sie sind der Kompass. Sie befinden sich in der Mitte ihres eigenen Lebens, ihrer eigenen Kultur. Und baten uns, die Umherirrenden, die Suchenden sozusagen, um Hilfe. Ich fand das sehr bewegend.

Sie sind bekannt als das Volk der Träume, die Achuar aus der Amazonasregion.

Stammeshäuptlinge aus dem Amazonasgebiet in Ecuador träumen schon seit Generationen denselben Traum. Oder ist das eine Prophezeiung? Der Traum handelt von einem Adler und einem Kondor. Der Adler symbolisiert den materiellen Norden – also die USA, Europa, Länder jenseits des Äquators – und der Kondor steht für den eher spirituellen Süden. Nach diesem Traum herrscht der Adler über die Welt – wie groß die ist, erwähnt die Geschichte jedoch nicht.

Alles begann mit der Ankunft von Kolumbus. Im Laufe der Geschichte veränderte sich das Gesicht der Herrscher ständig: Von der Macht der Spanier zur Macht des Geldes, der Ölindustrie und der Amerikaner. Aber nach einer Periode von fünfhundert Jahren, so der Traum, endet die Dominanz des Materiellen, und die alte und die neue Welt werden sich vereinigen. Das Spirituelle und das Materielle sind dann ausgeglichen. Der Adler (auch Symbol des Denkens) und der Kondor (Symbol des Gefühls) fliegen gemeinsam am neuen Himmel. Es herrscht Frieden und Respekt, und die heilige Erde wird geehrt.

Es ist ein Traum. Wir befinden uns im Herzen des Amazonasgebiets, bei den Achuar, einer der vielen indigenen Volksgruppen von Ecuador, und ich höre mir ihre Geschichten an. Die Frauen sagen nicht viel, die Männer erzählen über ihre Träume. Und das Stammesoberhaupt erzählt über diesen einen, deutlichen Traum, der immer wiederkehrt. Er ist davon überzeugt, dass die Veränderung sich anbahnt, nach fünfhundert Jahren soll es so weit sein.

Wie war das gleich wieder? Kolumbus, 1492. Aber er begann nördlicher, wir müssen also vielleicht zwanzig oder fünfundzwanzig Jahre addieren, ehe der ganze südliche Kontinent in den Händen der spanischen und portugiesischen Besatzer war. Also fünfhundert Jahre danach … Aber das ist ja jetzt – wir sind pünktlich da!

Unsere Führerin Cristina Serrano lächelt strahlend angesichts dieser interessanten Rechnung. »Es stimmt, ihr seid wirklich pünktlich. Das ist kein Zufall, denn dieses Volk hat uns ja gerufen. Es wirkt wie ein primitiver Traum, aber er kann Wirklichkeit werden. Eine Realität, die dieses Volk nicht allein verwirklichen kann. Sie brauchen Hilfe. Und deshalb sind wir hier. Du brauchst also nicht auf eine Veränderung zu warten, die Veränderung bist du, sind wir …«

WEIT WEG

So beginnt unser Auftrag im Regenwald. Wir sind weit weg von zu Hause und haben eine lange Reise hinter uns. Von Amsterdam nach Quito, dann mit einem Bus über eine beeindruckende Route an Vulkanen entlang von Ecuador nach Shell – einer Stadt, die im Zuge der Ölförderung gegründet wurde, daher auch der Name – an den Rand des Amazonasgebiets, und dann mit einem kleinen Flugzeug in den Regenwald. Wie in einem Traum schaue ich durch das Weiß der Wolken auf die unzähligen Grüntöne dieser anderen Welt. Der Fluss windet sich wie eine braune Anaconda unter uns.

Nach einer Stunde sehen wir als unnatürliche Bake einen geraden Sandstreifen: die Landebahn. Das Flugzeug setzt zur Landung an, und schon stehen wir in einer Staubwolke aus gelbem Sand. Wir bekommen unsere Koffer in die Hand gedrückt, und ehe der Staub sich gelegt hat, ist das Flugzeug schon wieder weg. Kinder kommen auf uns zugerannt und bieten uns Schaftstiefel an. Das fühlt sich plötzlich vertraut an, mitten im Amazonas. Wir müssen weiter. Wir wandern noch etwa eine Stunde über aufregende, matschige Pfade

zum Ufer eines Flusses. Da liegt ein langes motorbetriebenes Kanu. Nach einer einstündigen Bootsfahrt sind wir beinahe an Ort und Stelle. Kein Indianer wohnt direkt am Fluss, das wäre zu gefährlich und unpraktisch wegen der Tiere – Mücken, Schlangen – und Feinde. Wir gehen also noch eine halbe Stunde weiter, bis wir auf einer Lichtung ein großes, ovales Haus sehen. Eigentlich ist es nur ein Strohdach auf Pfählen. Wir sind da.

VOR LANGER ZEIT

Hühner und eine ganze Kinderschar laufen durcheinander, eine schwangere Frau sieht zu uns her. Sie wendet ihren Blick ab, als wir ihn erwidern wollen. In der Ecke bemalt das Familienoberhaupt sehr sorgfältig sein Gesicht mit dunklen Streifen. Scheu. Das ist das Wort. Wir werden angesehen wie von einer Katze, die sich auf die Lauer gelegt hat: genau beobachtend und aus der Distanz.
Ich fühle mich wie ein Eindringling. Warum müssen wir hier sein? Warum lassen wir diese Menschen nicht in Ruhe, in ihrer eigenen Welt? An einem Ort, der noch vor gar nicht so langer Zeit unerreichbar für die Außenwelt war.
Falls doch ein Feind näherkam, wurde er einen Kopf kürzer gemacht, denn die Achuar-Indianer haben eine starke Bindung zu ihrem Land und tun alles zu seinem Schutz. Später, in einem Museum in Quito, sehen wir einige abgehackte Köpfe als Exponate.
Das war eine Eigenheit der Menschen in diesem Gebiet, die so genannten *shrunken heads*, die Schrumpfköpfe. Erst wurde der Kopf abgeschlagen, dann wurde die Haut vom Schädel gezogen. Der Schädel wurde zu Ehren der Flussboa ins Wasser geworfen, und die Haut wurde in einem speziellen Verfahren mit Hilfe von Steinen und Feuer getrocknet und schrumpfte dabei. Zum Schluss blieb ein kleines Gesicht übrig, das in etwa die Größe einer Orange hatte. Das wurde nach dem Kampf mit nach Hause genommen. Nicht etwa als Trophäe, sondern um zu feiern, dass sie sicher und frei waren. Übrigens wurde auch der Geist des Toten geehrt, der dann auch »frei« war. Vor zwei Generationen war das noch so, heute ist es anders. Dennoch fühle ich mich unsicher und nicht willkommen. Auch wenn wir das durchaus sind. Wir wurden ja sogar eingeladen. »Wir« heißt in diesem Fall: wir, die Welt. Die Achuar brauchen uns.

LOS GEHT'S

Es muss die Achuar enorme Überwindung gekostet haben, genau jene Menschen zu sich zu holen, die zugleich ihren Fortbestand bedrohen. Aber auch diese Geschichte begann mit einem Traum. Schamanen und Stammesälteste hatten dieselben Visionen. Das geschah kurz bevor das neue Jahrtausend anbrach. Sie träumten von Bedrohungen für ihr Land und ihre Lebensweise. Die Träume kehrten immer wieder zurück, und die Achuar, die immer so isoliert gelebt hatten, machten den ersten Schritt, um mit anderen, weiter im Norden lebenden Stämmen Kontakt aufzunehmen. Es zeigte sich, dass sie zu Recht besorgt waren. Mineralölunternehmen hatten bereits damit begonnen, diese Gebiete zu »erschließen«, womit einherging, dass Ölpipelines leckten und die Flüsse – ihr Trink-, Wasch- und Badewasser, in dem sie auch fischten, kurzum ihr Lebensraum – vergiftet wurden. Sie sahen eine einfache Karte mit Streifen und Kästchen, ihre Welt war in gerade Linien mit Koordinaten aufgeteilt worden. Sie würden ganz von alleine an die Reihe kommen. Es wäre nur eine Frage der Zeit. Und vermutlich weil sie auch in der Vergangenheit so ein kämpferisches Volk gewesen waren, beschlossen genau diese Achuar, es nicht dabei zu belassen, sondern Kontakt mit Menschen aufzunehmen, die sie verstehen würden. Über ihre Nachbarn, die Shuar – ein viel größeres Volk in Ecuador mit einer Bevölkerung von etwa 73.000 Menschen –, trafen sie den Wissenschaftler John Perkins. Er lebte mit den Shuar und schrieb Bücher über sie. Er wurde zum Mittelsmann. Er ging zurück nach Kalifornien und suchte Menschen, die aktiv werden wollten. Das war der Beginn der Pachamama Alliance. Und so kommt es, dass wir nun dort auf Hockern im Kreis sitzen. Mit den Müttern, den Kindern, dem Stammesoberhaupt mit seinen Streifen als Gesichtsbemalung. Es werden Schälchen mit Maisbier herumgereicht. Wir sind Teil des Plans. Denn ökonomisch läuft es in Ecuador noch nicht so gut. Wenn also die Ölindustrie eine ordentliche Summe für ein Stück Land bezahlen will, dann fällt es sehr schwer, das Angebot abzulehnen. Aber wenn die Achuar selbst für eine Einkommensquelle sorgen könnten, für Tourismus, für Öko-Lodges – also mit Aktivitäten, die weniger in ihren Lebensraum eingreifen als ein Mineralölunternehmen ... Wer weiß. Dann helfen wir mit unserer Präsenz.

KENNENLERNEN

Die Reiseführerin will uns zuerst dem Stammesoberhaupt vorstellen, der auch Chef genannt wird. Er ist das Oberhaupt dieser Ti'inias-Gemeinschaft, eine kleine Gruppe aus neun Familien mit siebenundfünfzig Kindern. Es ist ein schöner Brauch im Regenwald, dass man beim Kennenlernen erzählt, wer man ist und woher man kommt. Wir sprechen englisch, unsere Führerin Cristina übersetzt es ins Spanische und dann wird es in die indigene Sprache Quechua übersetzt. Die Teilnehmer unserer fünfzehnköpfigen Gruppe kommen aus verschiedenen Teilen der Erde: einige Europäer und Südamerikaner, die restliche Mehrheit aus den USA. Jeder ist hochmotiviert, dazusein, und erzählt das auch gerne. Satz für Satz kommt die Übersetzung beim Stammesoberhaupt an. Es dauert ganz schön lange. Als nüchterner Holländer fragt man sich natürlich, ob ihn das alles auch interessiert – oder ist das nur die eigene Ungeduld?

Der Chef blickt in die Runde, geht ab und zu ein paar Schritte, macht Laute wie »huh« und »hmmm« und »hoh«. Eine Amerikanerin erzählt, dass sie für ihre Arbeit *all over the world* reisen muss. Schnell wird klar, dass niemand weiß, was *all over the world* ist. Sie wissen, wie weit sich der Regenwald erstreckt. Das beschreiben sie mit Stunden oder Tagen. Ihr Schamane zum Beispiel, ein wichtiger Mann für die Gemeinschaft, wohnt zwei Tage zu Fuß von hier. Einer der nächsten Gäste zeigt auf den Textzug auf dem T-Shirt eines jungen Mannes: *Maradona* steht da. »Ich komme aus Argentinien, das Land von diesem Fußballer«, sagt er. Aber niemand reagiert. Sie kennen den »weltberühmten« Mann nicht. Wir setzen unsere Runde fort. Ein amerikanischer Journalist stellt sich vor und erkundigt sich nach den größten Jagderfolgen des Chefs. Er gibt wieder einige kurze Laute von sich: »Hm, hoh, nasa.« Nach einer Pause sagt er nickend: »Ein Vogel.«

WER TRÄUMT?

Wir sind etwas enttäuscht. Kein Jaguar, keine Anacondas … ein Vogel, tja, das kann alles Mögliche sein. Und doch ist es ein schöner Moment bei dieser Kennenlernrunde, beinahe wie ein Finale, das sämtlichen Erwartungen und Vorurteilen den Garaus macht. Wir alle haben unsere Welt mit im Gepäck. Ungeduldig und erwartungsvoll sitzen wir da. Wir warten auf schöne Geschichten. Wir wollen die Weisheit der indigenen Bevölkerung erleben. Wir wollen so viel, schließlich sind wir auch weit gereist dafür. Und was bekommen wir? Eine einfache Familie, bestehend aus Menschen, die in ihrer Reinheit eng mit ihrem Land verbunden sind, weil sie davon leben. Das ist ihre Geschichte. Und das ist auch schon alles. Sie essen, was der Regenwald ihnen gibt, sie machen ihre Töpfereien aus dem Lehm, der in der Umgebung vorkommt, und lassen sie in der Sonne härten. Ihr Geschirr bemalen sie mit Farbstoffen aus der Erde, das Haarbüschel einer Frau dient als Quaste. Die Frauen gebären ihre Kinder ohne Probleme, lieber aber nicht im Haus, denn da ist zu viel los. Wenn es so weit ist, suchen sie sich ein ruhiges Plätzchen im Regenwald. Stirbt ein älterer Mensch, suchen sie einen großen, hohlen Baum. Der Leichnam wird dann in den Baum geschoben und so in den Urwald zurückgebracht. Wenn ein Hund schwarz ist, heißt er Negro. So einfach ist das.

Das ist das Leben, in das wir einen kurzen Einblick bekommen und an dem wir kurz teilhaben dürfen. Und dann denkt man: So lebten die ersten Menschen. So muss es gewesen sein. Ein Leben ohne Schulden, ohne Mangel. Ohne Status, größer, besser oder am besten. Nur den Himmel, die Erde, den Regenwald mit dem Menschen als Nutznießer, als Pächter, das gibt es. Alles ist da, was man zum Leben braucht. Ein Paradies? Nein, ich will es nicht schönreden. Aber ein einzigartiger Fleck auf dieser Erde. Das ist es durchaus. Einzigartig, weil diese Gemeinschaften immer seltener werden. Das ist die anwachsende Bedrohung. Davon handeln ihre Träume. Deshalb wurden wir gerufen.

Ihre Botschaft ist überraschender, als man sich das ausmalen könnte. Sie beginnt, wie all ihre Geschichten, mit einem Traum. Doch nun geben die Schamanen, die mit der modernen Welt Kontakt aufnehmen wollten, diesem Traum eine besondere Wendung: »Nicht wir, sondern ihr lebt in einem Traum, ein unwirkliches Leben basierend auf Wahnvorstellungen. Wie kann man denn glauben, man könne die Erde vernichten und vergiften, ohne selbst unter den Konsequenzen zu leiden? So ein Mensch muss doch in einem Traum leben. Oder besser gesagt: in Trance. Es wird Zeit, dass der Rest der Welt aufwacht und sich für einen anderen Lebensstil entscheidet. Lasse den Traum von Verschwendung und Zerstörung hinter dir. Und betrachte

235

die Erde als einen Menschen, mit dem du zusammenlebst. Vergifte sie nicht.«

Sie nehmen uns an den Flüssen entlang zu ihren rosa Delfinen mit, zu dem Wald, wo wir kleine Schlangen sehen. Wir schlafen unter freiem Himmel unter Moskitonetzen, bekommen eine Einführung in die Kräuterkunde und betrachten Vögel in allen Farben des Regenbogens. Nach einigen Tagen spürt man, wie der Regenwald in einen eindringt, als würde der Körper still und grün werden. Es ist ein herrliches Gefühl. Man erkennt sich selbst wieder.

ETWAS NEUES BAHNT SICH EINEN WEG

Am letzten Morgen steigen wir buchstäblich aus unseren Träumen aus. Wir dürfen beim *dream sharing* mitmachen, einem Ritual, das die Achuar frühmorgens miteinander teilen. Es muss noch dunkel sein, denn die Nacht ist schön und stark und gibt den Achuar zufolge Energie für den Rest des Tages. Um vier Uhr weckt uns Cristina, um halb fünf fahren wir wie in einem Märchen durch die Nacht zu einer anderen Achuar-Familie. Einer nach dem anderen erzählen wir einen Traum. Eine Frau erzählt von ihren erwachsenen Kindern, die im Traum wieder klein sind. Der Schamane denkt nach: Das bedeutet, dass du höchstwahrscheinlich heute einem Affen begegnest. Ein Mann erzählt von einem Traum voller lachender Frauen. Das ist laut dem Schamanen ein Zeichen dafür, dass einem eine große Schlange über den Weg läuft. Wir sehen einander an und begreifen, dass ihre Lebenswelt so anders ist als unsere. Nun bin ich an der Reihe. Ich habe von meinem neuen Haus in Amsterdam geträumt. Ich sitze auf dem Dachboden, alle Fenster weit geöffnet, als ein Schiff hineinfuhr. Ein Schiff mit prächtigen, hohen Bäumen. Sie stehen aufrecht da, ein großes, grünes Gebilde ist es. Ich erzähle Cristina den Traum, sie übersetzt ins Spanische und dann wird es auf Quechua weiter an den Schamanen erzählt. Der Mann denkt lange nach. Und dann erzählt er recht zögerlich, dass er von den Tieren in unserer Welt keine Ahnung hat. Ich sehe Cristina überrascht an. Tiere? In meinem Traum kamen doch überhaupt keine Tiere vor. Wir sehen nun alle zu der Dolmetscherin. Es ging doch um ein Schaf, das in ein Haus hineinkommt, oder? *A sheep*? Herrlich, so witzig, diese Situation. »*No, the story is about a ship. Not about a sheep.*«

»Ok, ah, hum, ha, hoh.«

Wieder warten wir. Dann kommt die erlösende Antwort. »Wenn ein Indianer von einem Schiff träumt, seinem Kanu, dann bahnt sich etwas Neues an. Es ist ein Zeichen der Veränderung. Oder eine Veränderung, die in Gang gebracht werden muss.«

Ich nicke. und er nickt zurück. Ich verstehe ihn sehr gut. Die Veränderung, das bin ich, das sind wir. Damit sie so bleiben können, wie sie sind. *Keep on dreaming*, Achuar. *Keep on dreaming*. Wir werden schon alleine wach. Das verspreche ich.

KREISE UND DIE ZUKUNFT

(TU WAS)

Zurück zur ersten These am Anfang dieses Buches: Das Eine

gibt es nicht. Die Zukunft liegt darin, das Eine mit dem Ande-

ren zu verbinden, die eine Idee mit der anderen, über den

einen Menschen zum anderen zu gelangen. Darin steckt das

Leben.

So einfach ist meine Geschichte.
In einem Segment, einem Teilbereich stecken zu bleiben ist keine
Erfüllung, keine Lösung. Wir müssen in Bewegung kommen.
DOE IETS – TU WAS. Ich sehe diesen Satz jedes Mal, wenn ich
über die Wibautstraat unter dem Zugviadukt hindurch aus Amsterdam hinausfahre. Ich sehe ihn früh am Morgen, spät am Nachmit-
tag. Zu jeder Jahreszeit, im Dunkeln und am helllichten Tag, bei
Sonnenschein und Schnee … Tu was! Ein Appell, den ich jeden
Tag mit mir trage. Tu was. Nicht einfach irgendetwas, nein, es ist
ein Aufruf, bewusst das Richtige zu tun. Etwas zu tun, was zu den
eigenen Werten passt, zu den eigenen Ausgangspunkten.

DIE BEWEGUNG HAT BEREITS BEGONNEN

Eine kleine Gruppe von Menschen ist schon tätig. Aus Widerstand
oder aus Frustration, vor allem aber aus Inspiration.
Vielleicht hat der Individualismus seinen Zenit überschritten?
Junge Leute machen es uns vor. Sie haben keine Lust mehr auf
die Bürokratie in Unternehmen und sehen keinen Nutzen mehr in
der Hyperökonomie.
»Warum sollten wir noch länger so weitermachen wollen? Wie
unsere Eltern, für wen oder was?«
Mit hunderttausend gleichgesinnten Freiberuflern haben sie sich
in der Vereinigung ZZP (Selbstständige ohne Angestellte) zusam-

 = NEUANFANG

mengeschlossen. Diese Bewegung von unten, die nicht von Geld, sondern von Enthusiasmus und Inspiration angetrieben wird, zielt nicht auf das Eine, sondern sucht und schafft die Verbindung zwischen dem Geldverdienen und den Idealen, vom Individuum und der Zusammenarbeit mit anderen.

Wenn ich auf mein eigenes Leben zurückblicke, kamen Veränderungen nicht während etwas bereits Bestehendem zustande. Man muss einen Punkt machen können und einen Neubeginn wagen. Dann kann es gelingen.
Es geht um die Veränderung des Tuns und Denkens. Sobald man beides auf eine bereits bestehende Idee anwenden will, ein Unternehmen, eine Arbeit oder was auch immer, bekommt man es mit den Regeln oder mit der Vergangenheit zu tun, sodass alles gebremst wird. Widerstand jedoch kostet Energie.
Neu anfangen = neu anfangen.
Klingt das radikal? Mag sein, aber vermutlich ist das der beste Weg. Unser persönliches Leben und unsere Unternehmen sind vollgestopft mit Regeln und Systemen. Wenn man eine gute Idee hat, das einseitige Denken verlassen will, dann passt das wahrscheinlich nicht in bestehende Prozesse, Budgetplanungen, Gewinnkalkulationen oder andere Verpflichtungen. Man selbst (oder der Chef) muss den Mut aufbringen, eine neue »Einheit« zu errichten, eine neue Idee, losgelöst von bestehenden Gesetzen und Regeln. Darin kann man seine Freiheit ausprobieren, suchen, Verbindungen schaffen und sehen, was sich daraus ergibt. Das ist wirklich innovativ. Innerhalb von komplexen Systemen etwas zu verändern ist zwar auch möglich, dauert aber Jahre.
Wo stehst du? Was trägst du dazu bei? Warum? Entscheidest du dich für ein ganzheitliches Leben, oder konzentrierst du dich auf einen einzigen Punkt im Kreis?
Mir ist klar, dass das leichter hingeschrieben als getan ist, aber manchmal muss man einen hohen Einsatz bringen. Mein Rat an mich selbst, an die Leser und an Menschen in Führungspositionen

ist also: Bringen wir in alles, was wir tun, wieder die Menschlichkeit mit ein. Die Seele. All die vergessenen Wörter. Dienen wir nicht nur dem Prozess oder dem finanziellen System, sondern brechen wir Löcher durch diese Wände. Wo diese Löcher entstehen, ist Leere … Und Leere, das weiß ich zufällig, ist immer der Beginn von etwas Neuem.

Nachdem ich die vier Quadranten meines Kreises durchlebt habe, gibt es für mich keinen anderen Weg!

Ich kann nirgends mehr hin als in die Mitte.

Das ist der Ort, wo alles begann, meine Insel, an der ich immer anlegen kann. Abdriften. Wegdriften und zurückkommen. Wie eine Heldin in meinem eigenen Epos. In der bewussten Mitte geht es nicht mehr um das eine. Nicht um einen Teil des Ganzen. Nein, das Leben befindet sich dort in seiner Gesamtheit. Alles fließt dort zusammen.

WENN MEIN LEBEN EIN KREIS IST, WO STEHE ICH DANN JETZT?

Gerade betrachte ich einen Baum an der Gracht, ich sehe Vögel am Stamm auf und ab klettern, ein Kind auf einem Roller vorüberfahren, meine Hände gleiten über die Tastatur, ich habe Zeit. Ich darf das schreiben. Unsichtbare Gedanken finden eine Form, welch ein glücklicher Moment. Also jetzt? »*You are here*«, will ich schreiben. Als ginge es um einen Stadtplan.

Ich bin hier. Ich schreibe diese Worte auf ein Blatt Papier. Ich bin hier. Und zeichne einen Kreis darum. Rund.

Wie der kostbare, verlorene Ring.

Ich habe ihn gefunden!

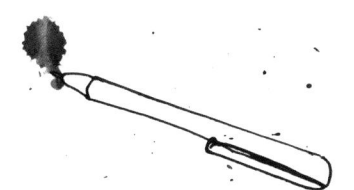

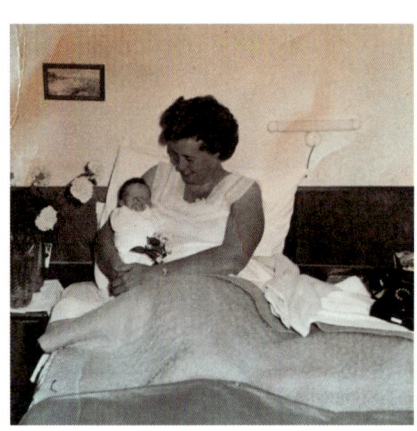 

TEIL 2 IN 1 MINUTE

(Wie mein Leben verlaufen ist – in sieben Schritten)

1 Alles beginnt mit einer Krise, mit dem Gefühl von Unzufriedenheit.

2 Suche die Stille, höre zu, empfange die Signale - nimm die Stille ernst.

3 Es folgt eine Analyse: Was sind die Fakten, was will ich nicht, was schon, Listen erstellen.

4 Der Blick auf das Ganze, schreibe das Gegenteil, das was im Kreis gegenüber liegt auf. Der Wunsch wird deutlicher.

5 Erinnere dich an deine Werte, schreibe sie auf, sie sind dein Kompass. Welche Werte sind wichtig?.

6 Tue etwas! Rendite, Zahlen sind eigentlich nicht unser (einziges) Ziel. Verlasse den einen, »heiligen« aber einseitigen Platz und betrete den ganzen Kreis. Gehe Richtung Seele, Kreativität, Schönheit, Engagement, Menschlichkeit.

7 Weiter vorne hat Professor Meadows unsere Gesellschaft als eine von pubertierenden Teenagern beschrieben. Denk daran, dass wir erwachsen werden dürfen. Weniger ichbezogen sein sollten. Weniger Drama. Verantwortung bedeutet, nicht die Schuld auf andere zu schieben, auf den Chef oder den Partner, sondern selbst aktiv zu werden. Wenn möglich in Richtung Mitte …

Aufgewecktheit

Aufrichtigkeit

Begeisterung

Bestimmtheit

Dankbarkeit

Deutlichkeit

Ehrlichkeit

Empathie.

Engagement

Enthusiasmus

Erneuerung

Fachkenntnis

Folgsamkeit

Freiheit

Freundlichkeit

Friede.

Gastfreundschaft

Gerechtigkeit

Gesundheit

Gleichheit

Glück

Güte.

Harmonie.

Hilfsbereit-
schaft

Hingabe.

Hoffnung

Höflichkeit

Integrität

Klarheit

Kooperation

Kreativität

Loyalität

Mut

Offenheit

Optimismus

Positivität

Professionali-
tät

Respekt

Ruhe.

Sanftmut

Schönheit

Selbstständig-
keit

Selbstbewusst-
sein

Sicherheit

Solidarität

Sportlichkeit

Stärke.

Struktur.

Tatkraft

Toleranz

Unabhängigkeit

Unternehmergeist

Verantwortungs-
bewusstsein

Verbindung

Verlässlichkeit

Versöhnlichkeit

Verwunderung

Weisheit

Wohlfahrt

Wohltätigkeit

Würde.

Zuvorkommenheit

PERSÖNLICHER KOMPASS

1. WELCHE WERTE PASSEN ZU DIR?

(Wähle für den Anfang vier aus)

2. WÄHLE DEINE TOOLS

(Was verwende ich für einen Richtungswechsel)

Stärke & Verletzlichkeit
Weisheit
Empathie
Offenheit
Fähigkeit, Verbindungen herzustellen
Fragen stellen
Partizipieren
Zuhören
Respekt
Mitleid

3. WELCHE ANGEWOHNHEITEN LEGE ICH AB

(Begriffe, die uns aus dem Kreis treiben)

Siegen wollen – Urteilen – Unterdrücken – Aggressivität –
Sich selbst für wichtiger halten als den oder das Andere(n)
… (ergänze nach eigenem Bedarf)

WAS BEFINDET SICH AM RAND DES KREISES

Misstrauen – Falsche Hoffnungen – Sinnlosigkeit –
Extreme – Verschwendung – Suche nach Anerkennung –
Macht – Angst – Einseitigkeit

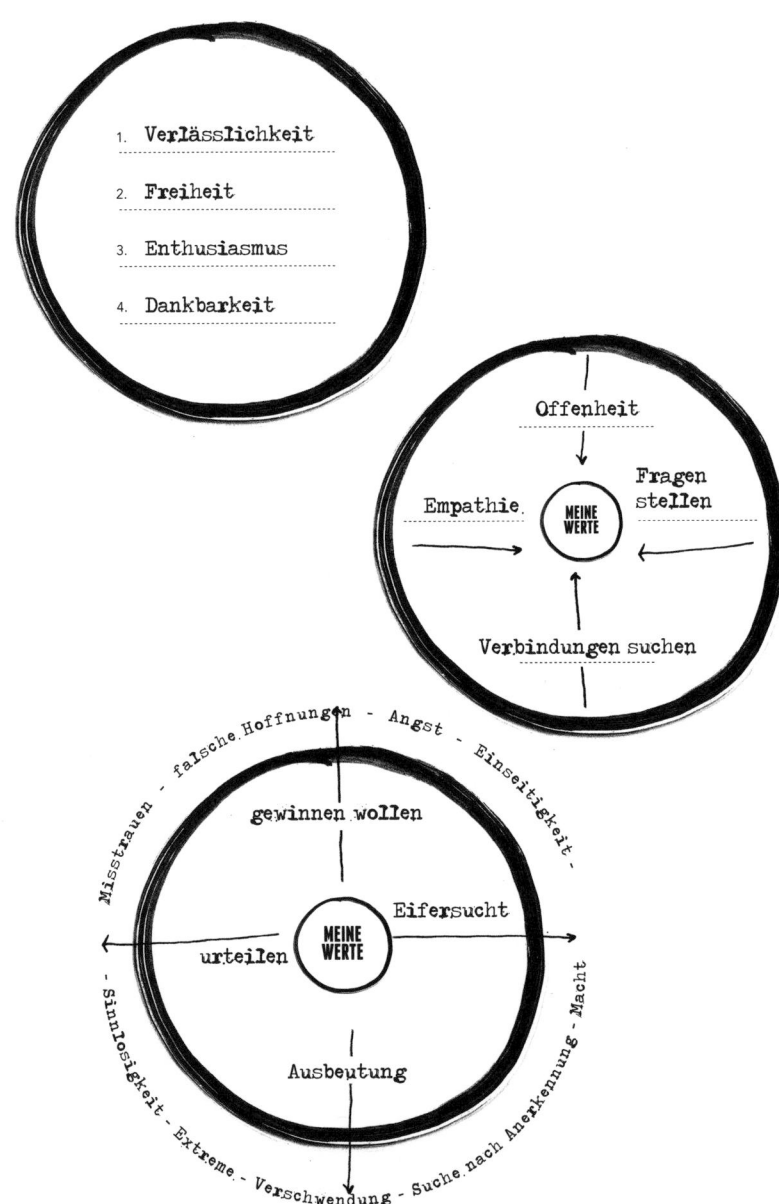

1. **Verlässlichkeit**

2. **Freiheit**

3. **Enthusiasmus**

4. **Dankbarkeit**

Offenheit

Empathie   MEINE WERTE   Fragen stellen

Verbindungen suchen

Misstrauen - falsche Hoffnungen - Angst - Einseitigkeit -

gewinnen wollen

Eifersucht

urteilen   MEINE WERTE

Ausbeutung

- Sinnlosigkeit - Extreme - Verschwendung - Suche nach Anerkennung - Macht

Diese Beispiele sind keine vorgefertigte Anleitung. Vielmehr ist es eine konstante Übung, den eigenen Kurs immer wieder zu bestimmen und zu korrigieren. Nicht nach außen, wie die Zeiger eines Kompasses einen nach Norden oder Süden lenken. Hier funktioniert es umgekehrt: Es geht immer nach innen. Ein unsichtbarer, wertvoller, stiller Kompass.

ERSTER SCHRITT: WÄHLE DEINE WERTE

Welche Werte will ich bei meinem Tun und Lassen leben?

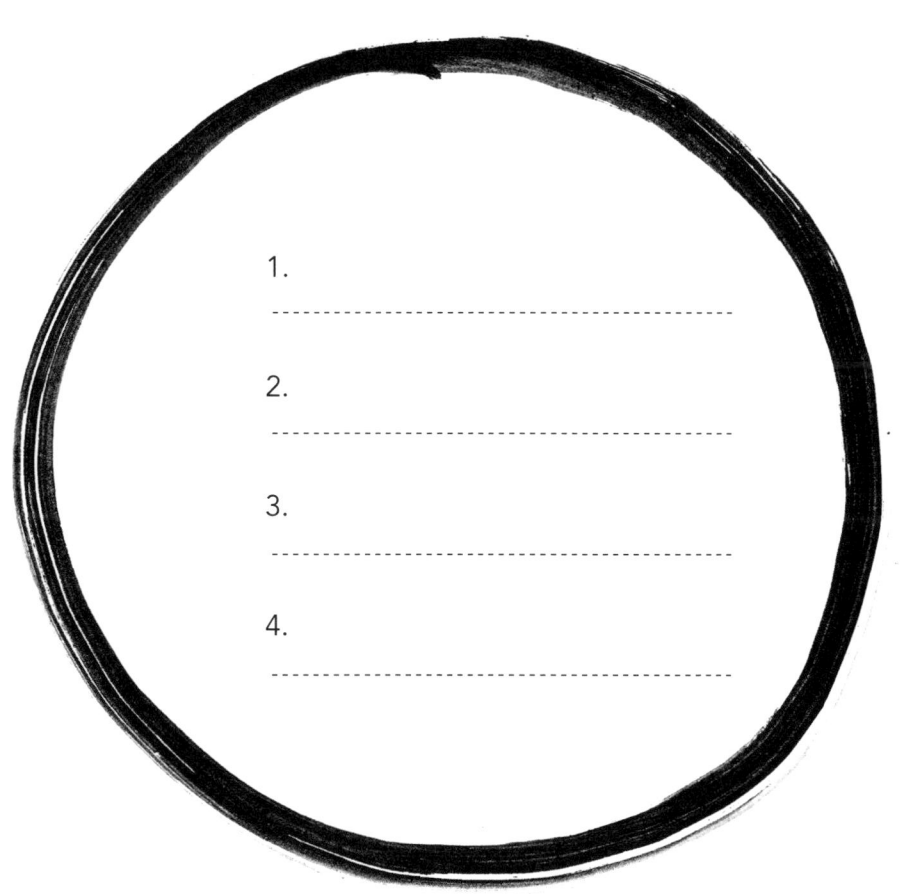

1.
- -

2.
- -

3.
- -

4.
- -

ZWEITER SCHRITT: WÄHLE DEINE TOOLS

Welche Begriffe setze ich ein, um meine Werte auszudrücken?

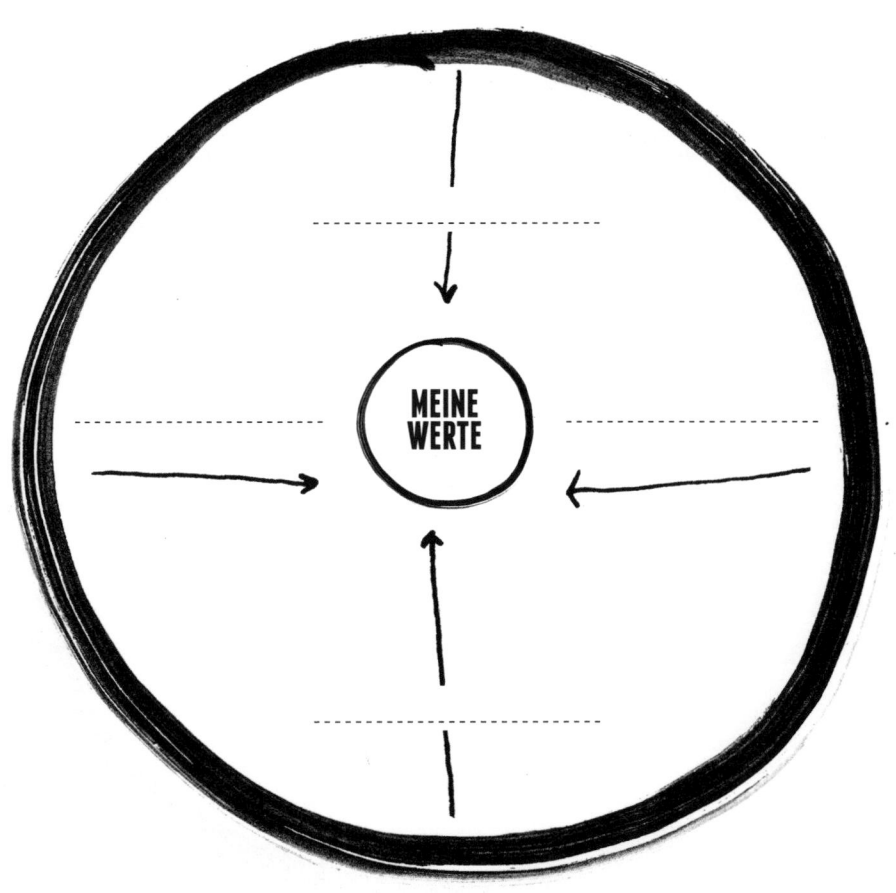

DRITTER SCHRITT: WELCHE ANGEWOHNHEITEN LEGE ICH AB?

Begriffe, die uns von der Mitte wegtreiben

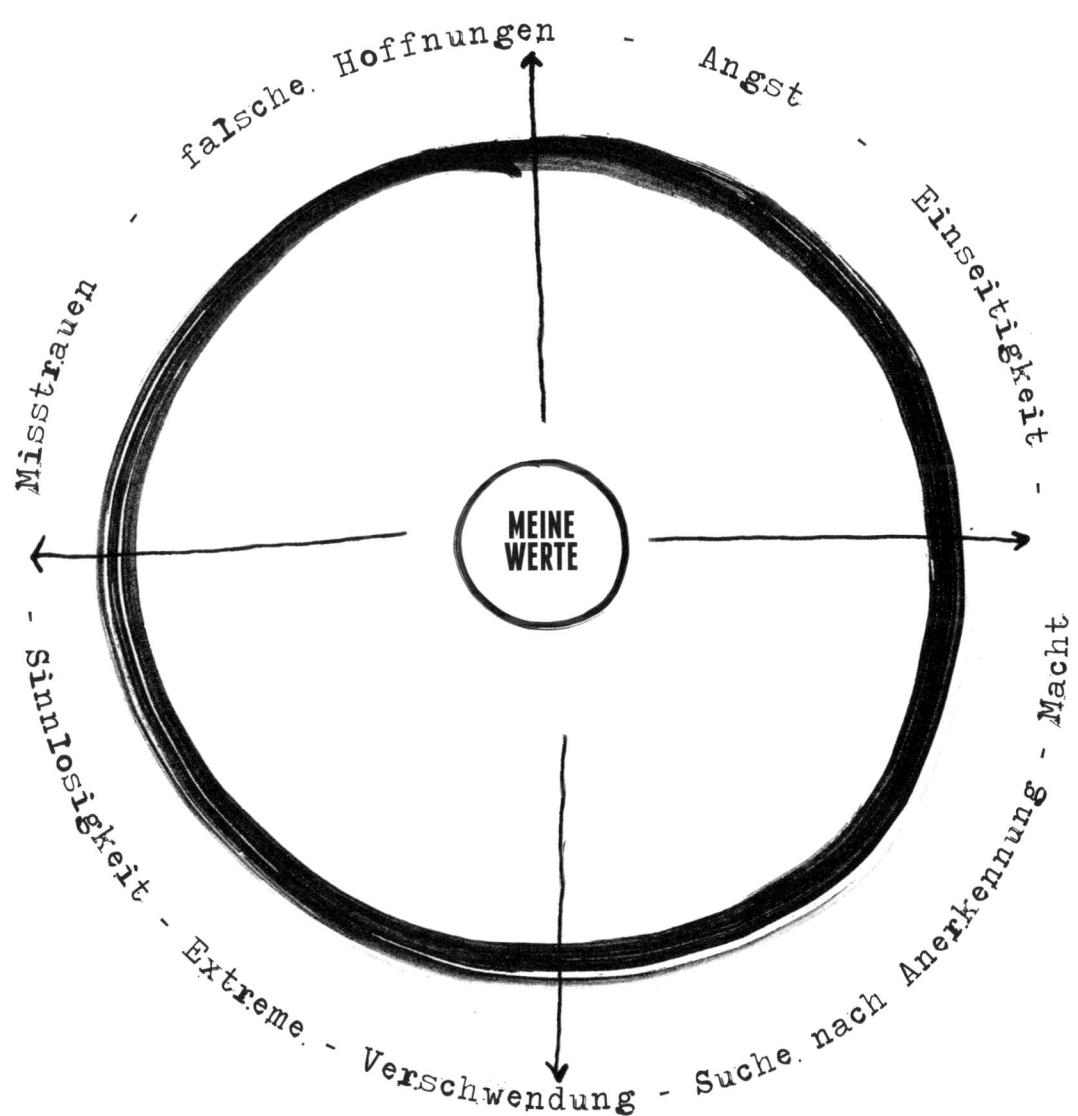

»Von welchem Kanu stammst du?«

Diese Frage habe ich von den Maori mitgenommen. »Woher kommst du?« Du bist keine einzelne Einheit, du trägst immer deine Eltern und Vorfahren mit dir herum.

Plus und Minus, dazwischen findet dein Leben statt.

Meine Mutter mochte Schönheit, Wärme, Sicherheit.

Sie mochte die kleinen Dinge.

Ein Haus voller Blumen, Symbol meiner Jugend.

Mein Vater war der Forscher, der Geschäftsmann und ein Autodidakt in Sachen Theologie, aktiv und offen, immer mit dem Höheren beschäftigt, mit den Idealen.

Er mochte große Gedanken.

Ein Haus voller Bücher, Symbol meiner Jugend.

Beide sind früh verstorben. Sie haben weder meine Arbeit noch meine Tochter kennengelernt. Im Rückblick frage ich mich: War meine Arbeit eine Ode an sie? Meine erste Idee für eine Zeitschrift glich meiner Mutter, sie war schön wie das Leben im Freien. Erdig.

Und Happinez trägt das Suchende und Spirituelle meines Vaters in sich. Die Offenheit für andere Meinungen. Zwischen Himmel und Erde.

»Und für wen ist deine nächste Idee?«, fragte mein Bruder mich vor einiger Zeit. Diese Frage kam wie ein Überfall. Was sollte ich sagen? Spontan brach aus mir heraus: »Für mich, die ist dann wahrscheinlich für mich.«

Und so kam es auch. Dieses Buch ist für mich. Erfolg und Enttäuschungen flossen durch meine Finger auf die Tastatur, alles war dabei, und ich habe meine Lektionen gelernt. Erst einmal. Mit den Kreisen kann ich weitermachen, neue Verbindungen schaffen, selbst neue Ausgangspunkte erleben. Dieses Buch ist gut für mich.

Aber gemacht habe ich es für dich.

Inez

ÜBER INEZ VAN OORD

Inez van Oord ist Herausgeberin, Zeitschriftenmacherin, Geschich-
tenerzählerin. Nach ihren Anfängen bei der kleinsten und an-
schließend der größten Zeitung der Niederlande beschloss sie
mit dreißig, selbst etwas zu entwickeln. Sie gestaltete eine Zeit-
schrift über das gute Leben, zurück zur Einfachheit, der Kraft des
Kleinen und Minimalistischen, auf der Suche nach Ruhe und
Raum für ein Leben im Freien … die Zeitschrift *Seasons*.
Seasons wurde eine der größten Zeitschriften auf dem niederlän-
dischen Markt. Doch der Erfolg hat viele Gesichter, trotz des
Wachstums und den guten Umsatzzahlen erfüllte sie die Freude
darüber nicht ganz.
Da musste doch noch mehr sein.
Ihre Suche nach innerem Glück übersetzte Inez van Oord in das
Konzept ihrer neuen Zeitschrift, in das Mindstyle-Magazin *Happi-
nez*, eine Illustrierte über bewusstes Leben und persönliche
Entwicklung. Sie landete damit einen Hit mit Rekordauflagen für
den niederländischen Zeitschriftenmarkt. Gemeinsam mit ihrem
Team wurde sie mit verschiedensten Preisen ausgezeichnet, das
Blatt wurde zur besten Zeitschrift des Jahres erkoren. Im Kielwas-
ser des Magazinerfolgs folgten Bücher, Produkte und Veranstal-
tungen. So wuchs *Happinez* zur tonangebenden Zeitschrift mit
Lizenzen in Deutschland, England, Frankreich und den USA.
Aus diesem Grund spielte Inez van Oord eine kleine, aber für sie
inspirierende Rolle in dem Film *The Power of the Heart* von Drew
Heriot und Baptiste de Pape. Die Dokumentation ist im Handel
und auch bei iTunes erhältlich.
Um ihrer Botschaft treu zu bleiben – Zeit zu haben für Ideen und
die eigene persönliche Entwicklung, innere Ruhe zu erlangen und
zu bewahren – verkaufte sie ihr Unternehmen und wandte sich
dann dem nächsten Projekt zu: diesem Buch zum Thema Persön-
lichkeitsentwicklung.

Mehr Informationen sind auf www.inezvanoord.com zu finden.

DANK

Besonderen Dank schulde ich **Professor Klaas van Egmond**, der, genau wie ich, von Kreisen fasziniert ist. Er widmet sich dem Kreis auf wissenschaftlicher Ebene. Bei der richtigen Einteilung der Kreise war mir seine Arbeit sehr hilfreich. Klaas van Egmond verbindet gesellschaftliche mit philosophischen Aspekten. Als Wissenschaftler war er in den Siebzigerjahren aktiv in der Umweltbewegung tätig. Und war als ehemaliger Direktor der RIVM (der niederländischen Gesundheitsbehörde) als Finanzexperte und Berater vieler Minister und Kabinette tätig, wenn es um Fragen der Nachhaltigkeit ging. Laut Klaas van Egmond beschränkt sich das Thema Nachhaltigkeit durchaus nicht nur auf rein technische Lösungen (z. B. Solarzellen auf den Dächern), sondern die Umsetzung muss mit einer Verbindung von menschlichen und kollektiven Werten einhergehen. Die Politik hat sich vor allem auf ökonomische Werte gestützt. Klaas van Egmond beklagt die daraus resultierende einseitige Entwicklung, denn Einseitigkeit sei auch der Kern der Nachhaltigkeitsproblematik. Als Direktor des RIVM und Professor für Geowissenschaften an der Universität von Utrecht hat van Egmond seine Arbeit auf eine Wertestudie des RIVM gestützt sowie auf die Erkenntnisse von Wissenschaftlern und Philosophen unserer Geschichte, von Hegel über Jung bis Steiner.

Klaas van Egmond, *Een vorm van beschaving*, Zeist 2013.
www.klaasvanegmond.nl

Mein Dank gilt auch **Marije de Jong** und **Ruud Hollander** von *Happinez* für ihre Unterstützung, dem Fotografen **Dim Balsem**, der von morgens früh bis abends spät auf der Wibautstraat »TU WAS« fotografierte, **Fleur Huijskens, Helen Minderaa** und **Jantien de Bruin** für das Mitdenken und Mitlesen, **Marja Duin** für die Schlussredaktion, **Ingrid Meurs** für ihre Pünktlichkeit in der letzten Textphase, **Arnold Verwoerd** von Megabite für die Lösung sämtlicher Computerprobleme, **Eva Bartels** für ihre wunderbaren Illustrationen und die enthusiastische, herrlich widerspenstige Art der Zusammenarbeit, Artdirector **Annelinde Tempelman** für ihre Geduld und ihren unaufhaltsamen Drang nach Perfektion, durch den das Buch diese schöne Form erhalten hat, allen Mitarbeitern des Verlags **Kosmos** für ihre Offenheit und ihre Unterstützung, meiner Tochter **Pien** für ihre positiven und manchmal überaus kritischen Anmerkungen, die mir sehr weitergeholfen haben. Und Dank gebührt auch der **Inspiration**, wo auch immer sie herkommt.

BÜCHER

– Krznaric, Roman, *Empathy: Why it matters and how to get it*, New York 2014.
– Lemaire, Ton, *De val van Prometheus: De keerzijde van vooruitgang*, Amsterdam 2011.
– Luyendijk, Joris, *Unter Bankern: Eine Spezies wird besichtigt*, Stuttgart 2015.
– Neiman, Susan, *Warum erwachsen werden?: Eine philosophische Ermutigung*, München 2015.
– Sandel, Michael, J., *Was man für Geld nicht kaufen kann: Die moralischen Grenzen des Marktes*, Berlin 2012.
– Schnitzler, Hans, *Het digitale proletariaat*, Amsterdam 2015.
– Tolle, Eckhart, *Jetzt! Die Kraft der Gegenwart: Ein Leitfaden zum spirituellen Erwachen*. Bielefeld 2008.
– de Wit, Han F., *Wijsheid in emotie: Over de mandala van de vijf boeddhafamilies*, Utrecht 2013.
– Lao-Tse, *Tao Te King: Das Buch vom Tao und der Wirkkraft*, Bielefeld 2014.
– McTaggart, Lynne, *Das Nullpunkt-Feld: Auf der Suche nach der kosmischen Ur-Energie*, München 2007.

ARTIKEL

– van Beek, Sjors, »We zitten in de wurggreep van de verzekeraars«, in: *De Groene Amsterdammer*; 24. September 2014.
– Engels, Joep, »Wetenschap, geef eens antwoord«, in *Trouw*, 5. Februar 2015.
– de Rijk, Mirjam, »En dus moeten de lonen omlaag«, in: *De Groene Amsterdammer*, 1. April 2015.
– Simon, Coen, »Voor eigen mening is geen ruimte op Twitter«, in: *NRC Handelsblad*, 27. Mai 2015.
– Stiegler, Bernhard, »Nieuwe media zijn de katalysatro voor onderbuikretoriek«, in: *de Volkskrant*, 18. Januar 2012 (www.volkskrant.nl).
– Tanghe, Nico, »De race tegen de machines« in: *De Standaard*, 16. April 2015.
– Thomas, Casper, »Iedereen kapitalist«, in: *De Groene Amsterdammer*; 24. September 2014.
– Thomas, Casper, »Het einde van de toekomst«, in: *De Groene Amsterdammer*; 8. Oktober 2014.
– Verbraak, Coen, »Een mens is meer dan zijn brein«, in *NRC Handelsblad*, 24. Januar 2015.

WEBSITES

– Charles Eisenstein, http://sacred-economics.com/
– Dennis Meadows, De grenzen aan de groei, www.youtube.com/watch?v=cVzK-8Do-u6E
– Hans Schnitzler, blogs: www.hansschnitzler.wordpress.com

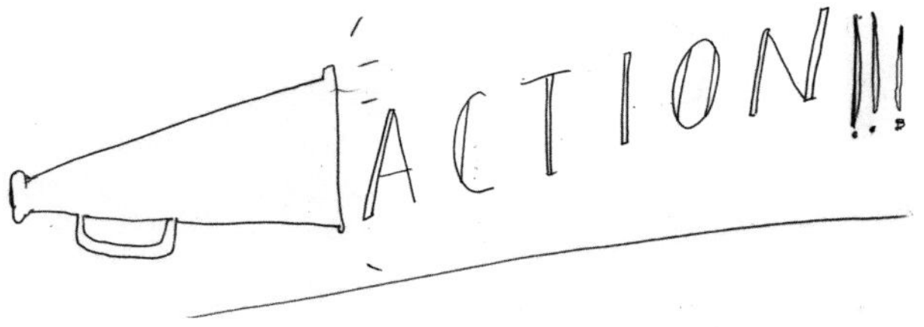
ACTION!!!